SVENSK
TIMMERBYGGNADSKULTUR
STUGA OCH GÅRDEN

スウェーデンの木造民家

長谷川清之

井上書院

はじめに

目的

　日本では古来，豊富な木材資源を背景に，優れた木造建築を発展させてきた。
　一方，海外に目を向けると，北欧の国々にも豊かな木材資源が存在する。
　それらの国々の木造建築は，日本のそれと共通するのか，どう違うのか。
　特に，生活の基盤であった民家に関して，その空間はどのようなもので，生活との関係はいかなるものなのか，それらを明らかにしたい。

調査・研究の経緯

　私が北欧の民家に本格的にかかわったのは，1984年のフィンランドの民家調査が最初である。その調査によって，日本と同様に木で住まいをつくってきた国でありながら，その構法はまったく違い，すべて木を横に組み合わせながら積み上げて使う「木材組積構法」であることを知り，さらに民家の主室に，領域の境界としての「しきり」の存在を発見することができた（拙著『フィンランドの木造民家』井上書院，1987年参照）。
　その後，北欧へ行く機会が得られず，日本の木材組積構法の調査をしてきたが，やっと機会を得て，1994年，96年，98年と，それぞれ夏季1ヵ月半ほどの期間で，スウェーデン，ノルウェーの民家・木造建築の調査を続けた。冬季は，雪で移動が困難であり，さまざまな施設も閉ざされている。
　その間の調査を通して，北欧3国の民家の構法の共通性や相違点とともに，平面プランの違いも理解できてきた。しかし，スウェーデンの民家に関してはより興味深いことが見えてきたが，その事例を増やさなくては確信が得られなかった。これは文献では見い出せないことである。
　2003年，何とか時間をつくり，フィンランド，スウェーデン，ノルウェーを約3ヵ月かけて調査してまわり，事例を増やすことができた。それが，ここで発表する，フィンランドとはありようの違う「しきり」の存在である。

調査対象

　日本でもそうだが，今の時代に，昔のままの住まいで，当時のように生活をしている民家を見つけることは困難である。

　北欧の国々には，それぞれの首都またはその近郊に，スウェーデンのストックホルムであれば「スカンセン」，フィンランド・ヘルシンキには「セウラサーリ」，ノルウェー・オスロに「民族博物館」，デンマーク・コペンハーゲン近郊に「フリランズ博物館」といった素晴らしい野外博物館が設けられている。

　しかし，より素晴らしいのは，地方の小さな村にも，その地域の特徴的な民家が保存されていることである。そして，保存のしかたは，現地保存であったり移築保存であったりさまざまだが，その内部の家具や道具とともに，村人たちがそれらを誇りをもって大切に守っていることである。それらの民家は，17世紀から19世紀に建設されたものであり，私が調査対象としたのは，そうした民家である。

調査方法

　鉄道網の少ない北欧の国々では，地方の町や村の民家を訪ねてまわるのには，車は必需品である。そこで私は，首都でレンタカーを手配し，美術館・博物館等のガイドブックを手にし，地図を頼りに走り回る。

　常に一人で，一回1ヵ月半ほどの調査行で4～5,000kmを走る。宿は現地で探す。目的地に着くと，管理者に事情を話し，許可を得て，平面プランを実測し，写真撮影，調査。平面図には必ず家具を描き込む。その配置や形態で，空間の使い方や生活が見えてくる。家具にもさまざまな想いや意味が込められていることを知る。

　その時々で，現地の人たちからさまざまな話を聞くこともできる。皆親切に，熱心に対応してくれる。時には管理者不在でも，近くの人が集まり鍵を開けてくれることもしばしばである。

　私の調査・研究は，現地での空間体験と実測作業を基本としている。

目　次

はじめに ——————— 2

I　風土と歴史 ——————— 7

1 —— 植生と生業—「冬の北欧」と「夏の北欧」——————— 10
　　北極圏 ——————— 10
　　「冬の北欧」地域 ——————— 11
　　「夏の北欧」地域 ——————— 12
　　島嶼部 ——————— 13

2 —— 民族と歴史 ——————— 15
　　民　族 ——————— 15
　　歴　史 ——————— 15

3 —— 各種遺構 ——————— 18
　　エケハーゲン古代集落 ——————— 18
　　イェーネ古代集落 ——————— 20
　　エケトルプ ——————— 21

II　構法と空間 ——————— 25

1 —— 木材組積構法—「冬の北欧」地域＋「夏の北欧」地域 ——————— 28

2 —— 軸組構法—「夏の北欧」地域，島嶼部 ——————— 38
　　A　落し板構法 ——————— 38
　　B　木骨構法 ——————— 43

III　スウェーデン民家の空間的特徴 ——————— 45

1 —— 主室における領域と境界の表現 ——————— 46
　　A　境界の象徴 ——————— 46
　　B　領域設定の特徴 ——————— 53
　　C　2つの領域 ——————— 55
　　D　3つの領域 ——————— 56

2 —— 主屋における「特別室」の存在 ——————— 57

IV　各地の民家 ——————— 59

1 —— 北極圏 ——————— 62
　1. ラップランドの民家 ——————— 62

2 —— 「冬の北欧」地域 ——————— 64
　2. オンゲルマンランド地方の農園 ——————— 64
　3. リルヘーダル村のエストモン農園 ——————— 68
　4. 裁判所兼住居（Tingshuset） ——————— 72
　5. フィンランド移民の農園 ——————— 76
　6. ノルベリ村の家 ——————— 80
　7. ペニルサス農園 ——————— 86
　8. エストノル村の家 ——————— 90
　9. 時計職人の作業小屋 ——————— 96
　10. オルサ村の家 ——————— 98
　11. フィンランド移民（モルテンとクリスティーナ）の家 ——————— 102
　12. インテリア村の家 ——————— 108
　13. エリクソン家 ——————— 110
　14. ニーブラ村の家 ——————— 112

3 —— 「夏の北欧」地域 ——————— 116
　15. マルク村の家 ——————— 116
　16. エリクスベリ村の家 ——————— 120
　17. ホフマンの長屋 ——————— 124
　18. ショアリード村の家 ——————— 128
　19. ブレーキンゲの家 ——————— 134
　20. ブレンタルプの農園 ——————— 140

4 —— 島嶼部 ——————— 146
　21. エクスタ村の家 ——————— 146
　22. サンダ村の家 ——————— 152
　23. ブロ村の家 ——————— 156
　24. リナの家 ——————— 159
　25. エーランド島の民家 ——————— 161

おわりに ——————— 164
参考文献

I

風土と歴史

かつて民家は，その地域に大量に存在する，加工しやすい材料で造られた。

さらに，周辺地域の民族や環境，そこで暮らす人々の生活の変化，それらの影響を受け，時代とともに変化してきた。

そこで，この国の民家を理解するためには，民家成立の背景である風土と歴史を認識することが必要と考え，まずそれらを概観してみたい。

北欧5カ国の中で，ノルウェー，スウェーデン，フィンランドの3国は，北極圏で国境を接している。これらの国々は，かつて氷河に覆われ，約12,000年前に大陸氷河の消えた最後の地である。そして氷河に削られた大地は，花崗岩質の硬い岩盤の上に薄く表土が盛られたような地層である。

国土全体の標高は，スカンジナビア半島の西側のノルウェーが一番高く，次が東側のスウェーデン，そしてボスニア湾を経てフィンランドが一番低くなる。このことは地図を見ても理解されるが，民家を訪ねて車で走りまわると，より強く実感することができる。

3国ともそれぞれ南北に長い地形だが，スウェーデンが一番南まで延び，狭い海峡を経て目の前がデンマークとなる。このことは，この国の風土と歴史に，そして民家のありようにも大きく影響している。

スウェーデンは，5カ国の中で一番国土面積が広く，約45万km^2。最高峰はノルウェー国境に沿ったキヨレン山地の，北緯68度近くに在るケブネカイセ(Kebnekaise)山で標高2,111m。地図を見ると，ノルウェー国境沿いの高地から，幾筋もの河川が南東に向かって流れ，海岸平野を経てボスニア湾に至っているのがわかる。

この国は，大きくは北部と南部の2つに分けられる。北部は，冷たいシベリア気団に影響され，気温が低く，バルト海北部は冬の間いつも凍結する。キヨレン山地には8ヵ月間も積雪がある。北部の山地と平野部は，森林が発達し，鉱物資源も豊かで，森林面積は国土の3分の2近くを占める。

南西部は，北大西洋海流の影響で暖かい風が吹き，夏は冷涼，冬も比較的温暖で多湿である。

南部には，数多くの湖があり，最大のものはヴェーネーン(Vänern)湖で，全湖沼面積は国土の12分の1以上に当たる広さになる。

湖沼地帯南側のスモーランド地方から，最南部で人口の多いスコーネ平野に向かっては低地となる。この地域には耕地が広がり，人口の5分の4がこの南部地方に集中している。

「北極圏」「冬の北欧」「夏の北欧」区分図

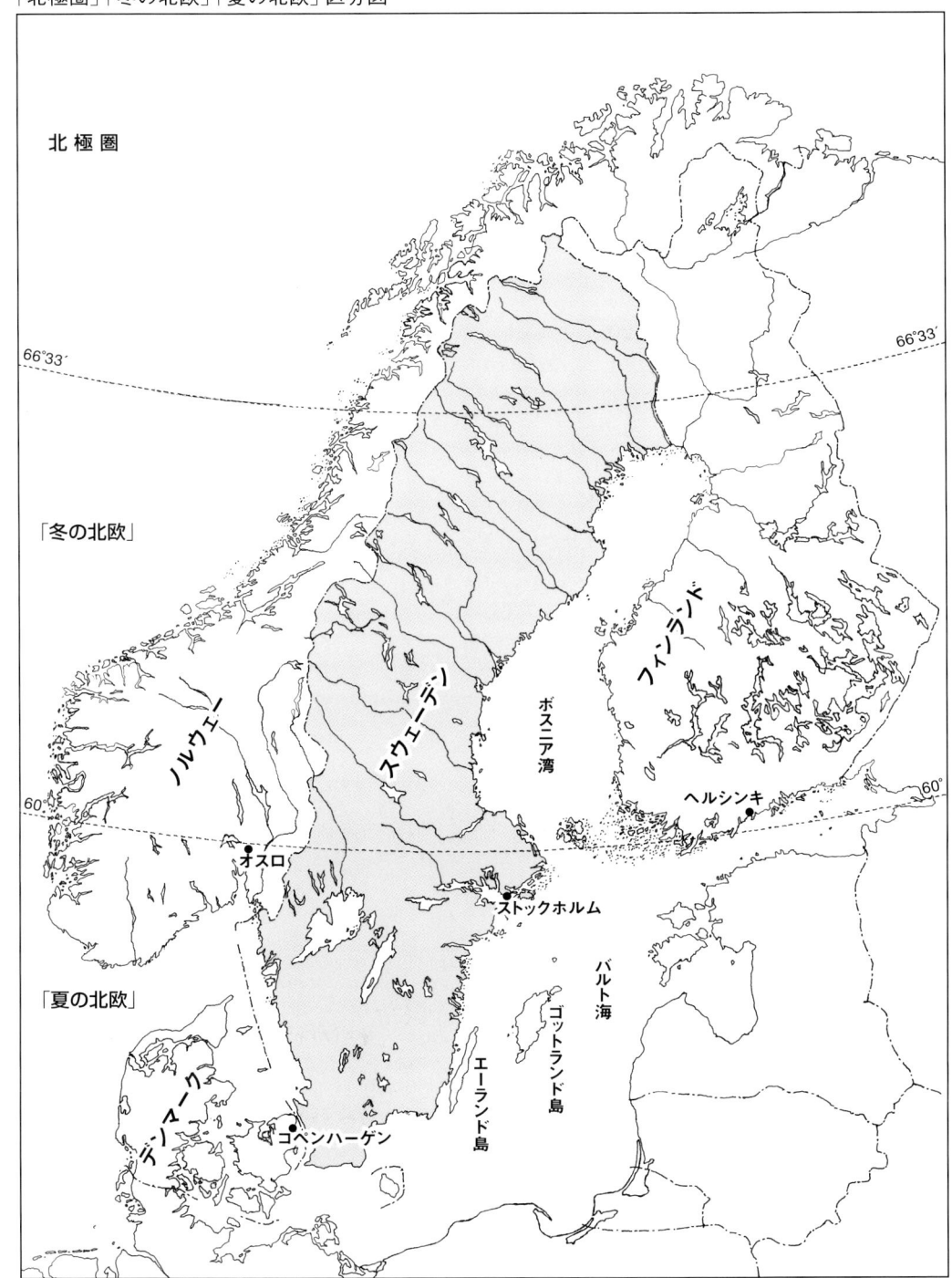

I 風土と歴史

1 ── 植生と生業 ──「冬の北欧」と「夏の北欧」

　北欧5カ国の文化を考察するさまざまな分野の研究者の間では，最北部・北極圏より南の地域を二分する視点を導入している。それが「冬の北欧」と「夏の北欧」といわれる分け方である（『北欧社会の基層と構造』東海大学出版会，1996年，「2 北欧の自然と生業・第9章」参照）。

　この区分は，ある緯度を境にした帯状の地域で，その地域で植生や生業が変化し，多くの文化境界線がこの帯の中に重なることが基礎となっている。

　私は，南北に長いスウェーデンの多様な民家構法の存在を理解するうえで，この区分はきわめて有効であると考えている。ここでもまず，この視点を軸に見ていくこととする。

北極圏

　北緯66度33分から北の地帯が北極圏で，ノルウェー，スウェーデン，フィンランドとも，それぞれの最北部はこの地域に属している。

　夏，6月には一日中太陽が沈むことなく，真夜中の太陽が見られ，いわゆる「白夜」となり，冬には太陽が顔を出すこともない「極夜」となり，日照時間の短い日が続き，雪に閉ざされる。

　ここはかつて，おもにサーミ人が国境もなくトナカイを追って暮らしていた土地だった。樹木は，この地域でも南部では欧州赤松と白樺が見られるが，北へ向かうにしたがって松が少なくなり，さらに白樺もなく低灌木のみで，高地では苔類や地衣類のみの荒涼とした風景ばかりを目にする。

　スウェーデンの国土の15％がこの圏内に含まれる。しかし，3国の中でスウェーデンは，この圏内に含まれる最北端の国境が，一番南に位置している。スウェーデン領ラップランドの北部ノールラントには，古代の森林が唯一保たれている。

「冬の北欧」地域

　北緯66度33分から南，北緯60度近辺までの地域を「冬の北欧」と称する。北緯60度近辺，2つの地域の境界辺りに，3国の首都，オスロ，ストックホルム，ヘルシンキが位置している。

　5月には春，8月には秋と，それぞれに短い季節の変わり目が訪れる。「夏と冬の間に春と秋が割り込んでくる」と表現されるほど短い季節の変化である。その間の短い夏，6月にはまったく太陽が沈むことのない白夜となり，あとは日照時間の少ない暗く寒い冬となる。

　スウェーデンのこの地域を支配しているのは森であり，「森の北欧」ともいえる。それは針葉樹の森である。

　この地域の樹木は欧州赤松が主で，寒さのため太く育つには時間がかかるが，真っ直ぐに伸びた豊かな赤松の森が広がる。その森は熱帯や亜熱帯と違い，樹木の足元に下草が生い茂ることはなく，そこにはトナカイの餌になる苔やベリー類が広がっている。

　現代では，伐採後は必ず植林がされ，手入れ良く下枝も払われているので，なおのこと森の中が明るく感じられる。この針葉樹林帯は，現代でも国土面積の60％に達する。

　次に多いのが白樺で，白樺は，民家の屋根材として丸太のまま使用されるとともに，その柔軟性を生かし，家具や道具作りにも用いられている。

　樹皮は，防水材として屋根下地に必ず使われている。それを細くしたものを編んで，籠や魚網のウキ，石を包み込んだ錘，玩具，靴など，きわめて多様に生かされていた。

　この地域の南西部に至って，やっとブナやカシ，シデなどの広葉樹が現れる。

　この地域の主たる生業は，林業と牧畜，次に湖とバルト海での漁業である。森は経済資源でもあり，したがってこの地域は「森林経済型北欧」ともいわれている。

　林業は，特に筏に組んで下流に流す運搬のため，幾筋も流れる川の沿岸で盛んだった。赤

1：
2003年6月4日E10号線をキルナへ向かう途中の風景
2：
欧州赤松の森
3：
森の中の苔，トナカイの餌になる
4：
白樺の林

松は，建造物や舟の製作に使われるのは勿論だが，蒸し焼きのようにしてタールの生産にも使われていた。工業化の時代を迎えると，燃料としても輸出され，林業はより盛んとなる。

土の層が薄く，栽培農業に適さないこの地域では，牧畜も重要な生業である。この地域の牧畜の特徴として，「夏の北欧」地域と違い，夏になると牧草を求めて家畜を山へ移動させる。このタイプの牧畜経営が最も盛んだったのはノルウェーだが，ここでも行われていた。

夏，そこでの主役は女性で，乳搾り，チーズ作りなど多様な労働に精を出し，男は製品を麓へ降ろす運搬役といったところである。

「冬の北欧」地域の特徴は，針葉樹の森の存在であり，現代に至ってもこの国の人々は，森との深いかかわりをもって生活している。短い夏が秋の気配に変わる頃，人々は森に入りたくさんのキノコや野イチゴ，ブルーベリーなどのベリー類を収穫する。

「夏の北欧」地域

北緯60度以南が「夏の北欧」と呼ばれる地域だが，北緯60度近辺であって厳密なラインではない。スウェーデン南部とその東側のゴットランド（Gotland）島，エーランド（Öland）島の2島およびデンマークは，この地域に含まれる。

この「夏の北欧」地域の特徴は，地形が比較的平坦であり，気候は北欧の中では例外的に温暖といわれる。「北欧らしさ」という意味でも例外的な地帯とされる。

この地域の植生は，「冬の北欧」地域に比べると多様となり，カシやブナなどの広葉樹が多くなる。しかし，カシの実が重要な牛の飼料だったこともあり，乱伐が進み，12世紀前半には，行政によってカシ（オーク）などの落葉広葉樹の保護規制が始まり，オークを切り倒した者には罰金が科せられていた。

生業は畑作農業が主となり，大麦やライ麦と根菜類を主に収穫する。民家を求めてスウェーデン南部に車を進めると，森が開け，なだらかな丘陵に耕地が広がり，あきらかに風景が変化する。8月に入ると間もなく，なだらかな丘一面が，大麦とライ麦とで濃度の違う，金色といってもよいような稔りの色に覆われる。

北欧らしさの意味で例外的な地帯といわれるのが，きわめてよくわかる。この地域は，平野が支配する「平野の北欧」であり，「農耕経済型北欧」ともいわれている。

5：
8月，収穫期に入った南部の風景

島嶼部

スカンジナビア半島の東側，バルト海に大きな2つの島がある。

エーランド島へは，本土南東部の海岸の町，カルマル（Kalmar）から16kmほどの長い橋が架かり，自動車で往来が可能である。

島は，南北に172km，東西は最大でも16km，狭い部分は4kmしかなく，極端に細長い。高い山はなく全体に平坦で，北部と中央部に森があるが，おおむね草原が広がっている。その草原は，牧草地であったり畑であったりするが，よくこんな所に畑を作ったと思われるほど，大小さまざまな石が含まれている。

ところどころでそれらの石を積み上げた，延々と続く防塁を目にする。古くから海上交通の要所だったこともあり，後に見る多くの遺跡がある。

風が強く，あちこちに木造の風車がたっている。400基ほどが残されているという。

この島は，スウェーデンでも日照時間が一番長いといわれている。

自然がよく守られ，渡り鳥の通り道であり，現在，鳥類研究センターがある。バード・ウォッチングの聖地ともなっている。

6：
どこまでも平らなエーランド島，羊が草を食んでいる
7：
古い木造風車のたつエーランド島
8：
石積みの防塁の側面と海
9：
土地を分かつ石積みの防塁が延々と続く

ゴットランド島は，エーランド島の北東部に位置する。島へは，エーランド島と違い，飛行機か船を利用することとなる。

　島一番の町ヴィスビィ（Visby）に向かう船から見ると，ここも平坦な島であるのがよくわかる。

　ヴィスビィは，ハンザ同盟の拠点となり，重要な中継貿易港であった。この町の旧市街は，石灰石を積み上げた高さ11mに及ぶ城壁で囲まれている。この城壁は，ハンザ同盟による交易で富を得たヴィスビィ市民を，市民以外の島民から守るためだったという。

　城壁の中の旧市街には，廃墟となった石の教会が残り，路地の家々の前にはバラの花が咲いている。ここは「バラと廃墟の町」ともいわれている。温暖なゴットランドでは，11月までバラの花が咲くという。

　この島でも自然が守られているとともに，数多くの遺跡があり，かつての歴史の記憶の数々を見ることができる。2つの島に共通しているのは，比較的加工が容易な石灰石を産出し，それが建物の建設に用いられていることである。

10：
船から見たゴットランド島
11：
ゴットランド島一番の町ヴィスビィ
12：
廃墟となった教会が残る町
13：
家々の前にバラの花の咲く路地

2 —— 民族と歴史

民　族

　北欧5カ国の中で，フィンランド人以外は北方ゲルマン民族である。言語はノルド語で，スウェーデン，ノルウェー，デンマーク，それぞれノルド諸語で深い関係があり，互いに自国の言葉で話しても何とか通じるという。

歴　史

　この国の詳しい歴史は専門書をご覧願うとして，ここではそれらを参考にして，民家成立にかかわると思われる事項を含めた概略のみを記す。

○有史前

　B.C.10,000年頃，最後の氷河期が終わり，スカンジナビア南部が氷河の下から現れ，そこに狩猟生活者が移り住み始めたとされている。

　B.C.3,000年頃には農業が始まっていたのが，巨石墳墓などから見い出されている。

　B.C.98年に書かれたローマ人の歴史家タキトゥスの著書『ゲルマニア』に，スベア人という表現で，当時メーラレン湖周辺に頭角を現した人々の記録が出てくる。これが，歴史上にこの地域・人々が登場する最初とされている。

　鉄器の使用が始まると，人々は村を単位に共同で仕事をし，土地の開墾を進め，耕地が拡大していった。

○ヴァイキング時代（A.D.700－1,000）

　耕地の乏しい北方の農民たちは，海の先へ目を向け，舟を操り大遠征を始める。

　スウェーデン・ヴァイキングは，ストックホルムから北へかけての海岸地帯を根拠地として，東はロシアへ，一方はイギリス諸島，アイスランドを含む西ヨーロッパへと繰り出す。イングヴァールの東方遠征など，それらの足跡はルーン石碑の解読などで明らかとなっている。

　大遠征によって海外のさまざまな知識や品物が持ち帰られ，それによってこの地域は，孤

立状態から一挙に外部への広がりをもつこととなる。

〇初期キリスト教時代（A.D.1,200 − 1,300）

　多神教であったこの国に、イギリスや北ドイツから派遣された伝道師の力により、キリスト教が少しずつ広まり、次第にローマ・カトリック教会の巨大な組織に組み込まれ、初めは木造で、後には石造で多くの教会が建設される。現在、残っている石造教会でも、脇に立つ鐘楼は木造であるものが多い。

　ルンド大聖堂は、イタリアの建築家レングネリュースの設計で、1145年に献堂式が行われた。

　この時代、王権をめぐる覇権争いが続いたが、次第に手続きが定まり、王を頂点とする身分の階級分化が起こり、貴族が誕生する。国家の基礎は強固となり、現在のスウェーデンとフィンランドが領土となっていたが、南部のブレーキンゲ（Blekinge）、ハッランド（Halland）、スコーネ（Skåne）、ブーヒュース（Bohus）県は含まれていなかった。

〇カルマル同盟

　デンマークとノルウェー両国の女王マルガレータが、スウェーデンをも統治下においた。

　その背景にあったのは、ハンザ同盟など、ドイツの拡張政策をくい止めるための諸国の団結の必要性だった。諸国は、スウェーデンの町・カルマルで重要会合を重ね、1397年、同盟を結びカルマル連合が成立する。しかし、実はこれもデンマーク王の支配であることを、後に二国の貴族たちが気付くこととなる。

〇ストックホルム大虐殺

　デンマーク王クリスチャン二世が、スウェーデンの独立を脅かす度重なる攻撃を行い、1520年、ストックホルムを占領。独立派リーダーや王への反対派を大量処刑。

1：
舟形石墳（イスタッド）
2：
ルーン石碑（ウプサラ）
3：
ルーン石碑（ブンゲ）
4：
舟形石墳（エーランド島）

○グスタフ・ヴァーサ王

　グスタフ・エリクソン・ヴァーサが，1520年から21年にかけてダーラナ地方で，デンマーク王に対する反乱を起こす。一度は失敗するが，ダーラナ農民の協力もあり成功。ダーラナ地方の農民，鉱業小生産者たちは，1433年に蜂起・反乱の過去がある（これらの過去の記憶から，ダーラナ地方がスウェーデン人にとっての心の故郷とされる一因となる）。

　1523年，27歳で王に選ばれたヴァーサは，カルマル連合を離脱。ローマ・カトリックの手中にあった土地をすべて没収し，王国の力を強化する。その際，ルター派の教義を認め，教会はローマから離れ，ルター派新教を国教とし，それは今日まで続く。

　ヴァーサ王は1560年まで，数々の政策を打ち出し，この国を民族国家として統治。

○南部領土取得

　1654年のクリスティーナ女王の退位後，王位についた従兄・カールX世が，ポーランド，デンマークと戦い勝利。結果としてデンマークは，ブレーキンゲ，スコーネ，ハッランド，ブーヒュース県を割譲する。

○国内改革

　1672年にカールXI世が即位。1679年にデンマークとの和議を成立させる。

　それまでの戦争続きで，戦費を得るための結果として，国土の30％未満が王家と農民，70％以上が貴族という状況だった。これでは貴族に租税を上納している農民たちの自立は困難であり，国会での投票に勝利した王は，国内改革を実施し，貴族が手に入れていた土地を取り戻し，国土の35.6％を王家，32.9％を貴族，31.5％を自作農民とした。

　鉄や木材タールの輸出も盛んとなり，改革はおおむね民衆の利益ともなった。

○農業改革・近代産業の始まり

　1827年，農業の近代化を促す法律が定められ，中世的な共同体規制を排除。農民は個人本位の私的農業を許され，共同農作業の束縛から解放され，開墾や農法の近代化が進む。

　ジャガイモの栽培が盛んになり，栄養も改善され，死亡率も低くなる。この時代，全人口の75％が農村住まいであった。1815年から1900年までに人口は2倍以上となり，510万人となった。

　増加する人口を養うには不十分で，1900年までの60年間に，85万人がおもに北米に移民として出国。

　海外からの需要の殺到に対し，19世紀半ば過ぎから林業の蒸気動力化を計り，近代的な製材所が誕生。鉄道の敷設により，農村の孤立状態も解消され，資源の開発，利用も進行した。

　これらの近代化，経済革命によって，移民の流れが静まるとともに，今日につながる広汎な社会的変化が生まれる。

3 ── 各種遺構

前記歴史にかかわる古代の集落・住居の発掘，復元作業が各地で行われている。それらの興味深い建築的遺構を見ておきたい。

エケハーゲン古代集落（EKEHAGENS FORNTIDSBY）

北緯58度から59度にまたがるようにして，スウェーデンで最も大きな湖ヴェーネーン（Vänern）湖が，その南東にヴェッテン（Vättern）湖がある。2つの湖の中間南方の町ファルショーピング（Falköping）の周辺は，いくつもの遺跡があり，歴史的に興味深い地域である。

スウェーデンの旧石器時代は，氷河期の終わる10,000年前から6,000年前あたりとなっている。その旧石器時代から鉄器時代に至る古代集落が，この町の南方12〜13kmのエケハーゲンの森の中から発掘，復元されている。

ここに復元された旧石器時代の住居は，卵を4つ割りにした形態の約4m×6mの葦葺きの小屋となっている。これはデンマークで発見されたものを参照し再建されている。

次の新石器時代（B.C.4,000−B.C.1,800）は，定住化が強まり，家畜の飼育と農業への過渡期とされ，この時代末期（B.C.2,000年頃）の住居として，長さ14m，幅6mのロングハウスが復元されている。その中心の柱はオークで，肋材はアスペン，屋根は柳の若枝で結ばれた葦葺きとなっている。

青銅器時代（B.C.1,800−B.C.500）の発掘，復元された住居が興味深い。やはりロングハウスだが，対になった柱，いわば門形の柱の数組が屋根を支える構造で，壁はその柱から離れ，枝を編んだ上に土を塗り付けて構成されている。

1：
ファルショーピング近郊に発掘・復元されたエケハーゲン古代集落
2：
旧石器時代の住居、卵を4つ割りにした形の葦葺き小屋
3：
新石器時代のロングハウス
4：
ロングハウス内部，簡単な柵で一応の間仕切りがされている
5：
ロングハウス内部，土間に立つ棟持ち柱
6：
別タイプのロングハウス
7：
ロングハウス入口
8：
ロングハウス内部，隅の柱
9：
青銅器時代のロングハウス
10：
ロングハウス内部の門形柱，両側にベッドが並ぶ

Ⅰ 風土と歴史 | 19

イェーネ古代集落 （GENE FORNBY）

　北緯63度よりやや北のボスニア湾に面する入り江の奥，ルートE4沿いの町イェーンショルズビク（Örnsköldsvik）。この町の南方の森の中に，A.D.100から600年頃（鉄器時代）の族長と家族の家を中心とする遺跡が発掘，復元されている。

　ここイェーネの家族は，10人ほどの子どもを含む，3，4世代からなっていたと推測されている。発掘された骨などから，彼らは牛，羊あるいはヤギ，豚そして馬などを飼っていたとされる。

　復元住居は，内部空間の中央部が広くなるように，外壁が緩やかに曲面となったロングハウスで，その外壁は低い軒を支える柱列の間を土で固め，その壁面とは距離をおいた数対の門形支柱で屋根架構を受ける構造となっている。

　これは時代は違うが，前に見たエケハーゲンの復元住居と構造，形態等きわめて近似している。

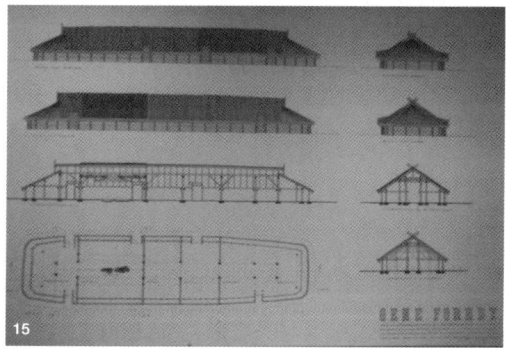

11：
イェーネのロングハウス
12：
曲面を描くロングハウスの外壁
13：
外壁の部分
14：
ロングハウス内部
15：
ロングハウス図面

エケトルプ (EKETORP)

　1964年から1973年にかけて、エーランド島の最南部に、A.D.300年頃に端を発する遺跡の発掘調査が行われた。それがエケトルプの砦（Eketorp fort）で、その調査結果に基づく忠実な復元が、その現地に実現している。

　それは、荒涼として平坦な島の風景の中に、石積みの円形の砦として切り立ち現れる。「エケトルプ」は、当時の人々が、周辺に迫っていたさまざまな危険から身を守るために、擁壁を築き、その内部に住居を構え生活していた砦で、3期に渡り拡幅、建設されたものだった。

　展示されたパネルに、それぞれの時代の砦の規模、建物の広がりが図示されている。建物も、3期のそれぞれの時代の特徴を備えたものが復元されている。

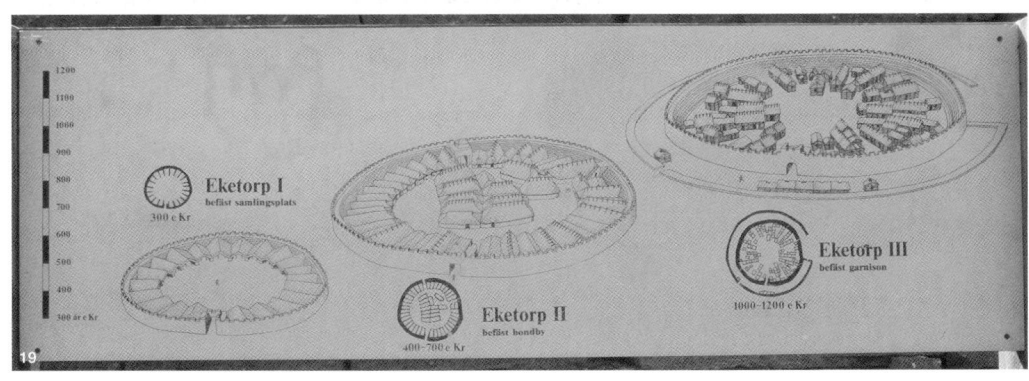

16：
水平線に切り立ち現れる円形の砦
17：
防塁の先に忽然と現れるエケトルプの砦
18：
砦の入口、アーチでなく、まぐさ
19：
3期にわたる砦の規模が示されている

Ⅰ　風土と歴史　｜　21

○EKETORP・Ⅰ（A.D.300）

　復元されている砦の中央部に位置し，より小規模な直径57mの円形の砦だった。この地が選ばれたのは，石灰石の平らな大地で，周辺に水を得やすい湿地と牧草地が広がっていたことだという。

　南西に門があり，擁壁の内側の壁に沿って20棟，最終的には23棟の建物が建てられていた。それらの建物は，擁壁を背に，中央に向かって伸びる同じ石の側壁に囲まれ，中央広場に面する側は開いている。これらは住居で，その床からは，火床や器物が発掘されている。

　この砦は，敵の攻撃に対する防御のうえから不十分となり，まもなく破壊される。

○EKETORP・Ⅱ（A.D.400－650）

　EKETORPⅠの破壊後すぐに，それを取り囲むように，より規模の大きなEKETORPⅡの建設が始まった。それは，擁壁の直径がⅠの2倍近い80mで，高さは，石の重量計算による可能性と，エーランド島の保存状態の良い他の砦の壁から類推し，4.8mとされている。

　壁の内側は，中央に向かって階段状に徐々に低くなっている。その擁壁には，南西のほか北東にも門が設けられ，さらに西側に，井戸へ通じる小さな裏門も設けられていた。

　内部には，EKETORPⅠと同様に，壁に沿った住居が建てられるとともに，中央部にも不規則に建てられ，53棟の建物が建っていた。内23棟が住居，12が牛舎，12が納屋，残り6棟はそれらの機能を合わせもつものだったとされている。

　それらの建物は，壁は平石積みで，3から5対の門形の柱・梁とその脇から石壁に渡された梁によって構成される。門形架構の梁中央に立てられた束の上に架け渡された母屋から，壁に向かって垂木が置かれ，屋根架構となる。屋根仕上げは藁を葺き重ねている。

　この砦は，なぜか7世紀の間に捨てられ廃墟となっていった。

20：
擁壁の内側に沿って建てられたEKETORP
Ⅰ時代の住居群

21：
Ⅰ時代の住居
22：
Ⅰ時代の住居内部，屋根架構を支える門形柱群，壁は石積み
23：
屋根材の載っていないⅠ時代の住居
24：
柱に刻まれた紋
25：
柱と横架材の取り合い
26：
砦中央部に復元されたⅡ期目の住居，現在内部は展示室やショップに使われている

Ⅰ　風土と歴史 | 23

○EKETORP・Ⅲ（A.D.1,000－1,200）

EKETORPⅡの放棄から約300年後，それを取り囲む外側に，さらに規模の大きな砦が築かれる。

興味深いのは，その内側に作られた建物の構法である。それまでの石と木の混構造ではなく，壁も木材で，柱・梁の軸組構法となっている。しかもそれは，現在エーランド島やゴットランド島で見られる民家の構法にきわめて近いものとなっている。壁は，柱に彫られた縦溝に厚板を落とし込み構成されている。

以上の遺構の所在地はそれぞれ離れているが，そこに見られる建物は，壁は石造で屋根架構は木造の混構造であるか，柱，梁の木造軸組構法であり，後に主流となる木材組積構法ではない。

27：
Ⅲ期目の住居群，木造落し板構法となる。建物の後ろに階段状になった擁壁が見える
28：
建物平側外壁，柱に板がはめ込まれているのがわかる
29：
Ⅲ期目住居・土台をまたぐ柱
30：
Ⅲ期目住居の柱・梁と屋根架構詳細
31：
納屋の妻面棟飾り
32：
納屋内部，棟持ち柱と屋根架構
33：
柱に上から差し込まれた横架材，これらは地上で組んで立てていたと推測されている

II

構法と空間

地域による2つの構法

　民家の建設にあたり最も重要な条件は，まず調達可能な資材である。それは，加工が容易で大量に存在していなければならない。あちこちで見られる薄い表土から顔を出している岩盤は，大量にあっても，道具の発達していない時代には，とても歯の立つ代物ではなかった。
　第1章で記したように，この国で最も調達可能な資材は木材であった。

　スウェーデンの民家は，基本的に木造である。
　その構法は，大別して以下の2種類，細かくは3種類に分類される。
　その主たる理由は，やはり第1章で見た植生の違い，木材資源の多少が大きくかかわっている。
　「冬の北欧」地域には，木材組積構法の存在に欠かせない，針葉樹の森が豊かに広がっている。この地域のおもな樹木は，欧州赤松と白樺である。
　「夏の北欧」地域では，樹種は多様となるが，針葉樹は減少し，大麦や小麦などの耕地が広がり，森は減少する。
　「島嶼部」では，ごろごろとした石ころが現れた比較的平坦な風景が目につき，樹木は少なくなる。

［スウェーデン民家の構法］

構　法		地　域	背　景
1．木材組積構法		（冬の北欧）	豊かな針葉樹の森
2．軸組構法	2-1 落し板構法	（島　嶼　部）	森の減少
	2-2 木骨構法	（夏の北欧）	森の減少・広葉樹

1．木材組積構法（KNUTTIMRING）

　主要な構法は，切り倒した木材を，直角に組み合わせながら積み重ねて壁を構成するもので，すなわち壁構造である。この構法には多量の木材が必要となる。
　この木材組積構法は，スウェーデン中央部のいわゆる「冬の北欧」地域を中心として，北極圏の一部から南部「夏の北欧」地域まで広く分布している，スウェーデンの民家を代表する構法である。
　木を積み上げて建物をつくる構法はどこで生まれたのか。中央アジアの辺りとする説が有力だが，研究者の間でもまだ明らかではない。この国の住まいも，前章の各種の遺構で見たように，有史前にはこの構法ではなかった。スウェーデンにこの構法をもたらしたのは，ヴァイキングだという説がある。

日本には，このように木材を積み重ねて壁を構成する構法として，東大寺の正倉院や各地の社寺の経蔵等に見られる「校倉」がある。

　一方，庶民の建物では，信州一帯の倉に見ることができる。この倉には，直交する角材の上面が平らにそろった「蒸籠倉」と，半分ずつずれた「校倉」とがある。

　しかし，これらはいずれも住居ではないことと，材の断面や組み方に違いがあるので，北欧の建物にこれらの呼び方を使うことで誤解を生ずるおそれもある。そこで私は，北欧建築に関しては「丸太組積構法」あるいは「木材組積構法」と表現している。

2. 軸組構法

　もう一つの構法は，柱を立て，それらを梁などの横架材でつなぐ軸組構法である。この構法が用いられていたのは，ゴットランド島，エーランド島などの島嶼部と，南部の「夏の北欧」地域の一部に限られる。

　この構法には，島嶼部と「夏の北欧」地域とでは，壁材や軸材のあり方に違いがあり，さらに2種類に分類される。

2−1 落し板構法（SKIFTESVERK）

　島嶼部や南部の一部での軸組構法では，柱に縦に彫られた溝に厚板を落とし込んで壁を構成する。彼らは，これを「SKIFTESVERK」（柱と壁を分離した構法）と呼ぶ。木材を積み重ねることで一挙に構造体を構成する，木材組積構法が中心の国ならではの表現だと思う。

　この構法は，北欧の他の国ではまったく見られないか，あってもきわめてわずかで発達していない。その意味で，地域が限定された脇役ともいえるが，スウェーデンの民家における重要な構法である。

　この構法を「分離構法」と呼んでも，われわれ日本人には伝わりにくい。そこで，適当な名称がないかと考え，「渡し板構法」とも表現してみた。この構法は，日本の「板倉」の中の「落し板倉」に近い。しかし柱，梁の結合部には，多少なりとも日本の板倉とは差異がある。それ故前述の校倉と同様な意味で，「板倉構法」と呼ぶのにも疑問を感じたが，それらを生かしたほうが伝わりやすいかと考え，「落し板構法」と表記することにした。

2−2 木骨構法（KORSVIRKE）

　「夏の北欧」地域，特にスコーネ地方には，柱と柱の間の壁に，石やレンガを詰めた木骨構法が見られる。

　この構法の民家は，平面プランも隣国デンマークの民家に似通っている。これは，風土だけでなく，第1章で見たように，かつてこの地域がデンマーク領だった歴史とも関係している。

1── 木材組積構法 ──「冬の北欧」地域＋「夏の北欧」地域

(第4章 No.2-19 参照)

　スウェーデン民家の主たる構法は，木材組積構法である。この構法にはできるだけ真っ直ぐな木材が必要で，曲がりくねった木材は不適当である。スウェーデンの大半を占めるこれらの地域には，豊かな針葉樹の森が存在している。豊かな森を背景に，真っ直ぐに伸びた欧州赤松が，この地域，この構法を支える民家の素材である。

　かつて民家の建設は，基本的に，その家の主を中心に家族総出で行われた。専門家に依頼して造られたものではない。家づくり職人も専門分化してはいなかった。

　酷寒の地で，外部の厳しい寒さから身を守る住まいを，彼らは切り倒した木を積み上げることでつくり上げてきた。

　おもな道具は斧である。木を伐ることから，丸太同士の重なり部分の加工，窓枠と壁のジョイント部分の加工等々，大半の加工の主役は斧だった。後には，水車を利用して歯を動かす自動鋸が，大物の加工には用いられていた（この構法の詳細に関しては，拙著『フィンランドの木造民家』も参照願いたい）。

□躯体

［基礎］

　切石ではなく，加工されていない適当な自然石，あるいは割り石を並べ基礎とする。より大きな荷重がかかる建物の角部分の下には，大きくしっかりした礎石が使われる。

1：住居の基礎
2：2階建住居の基礎

［土台］

住居や納屋等と倉とでは扱いが違う。

住居等では，大半は上に載る壁の部材と同じで，特に土台としての扱いはないに等しい。やや太い材が使われる程度だったのが，時代が下ると，上部の壁材とは太さも形態も明らかに違うものが使われる。

倉は，高床として建てられる。湿気と鼠などの害を防ぐためであるのはいうまでもない。高床とするためには，一般的に以下の方法が用いられる。

3

4

5

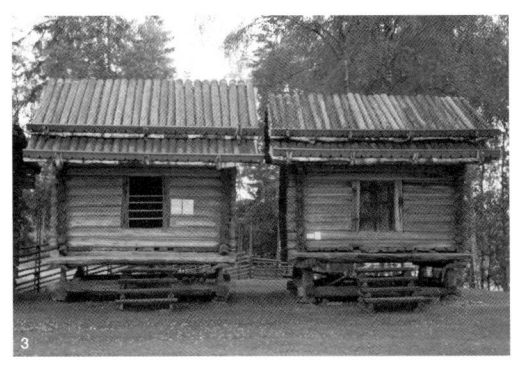

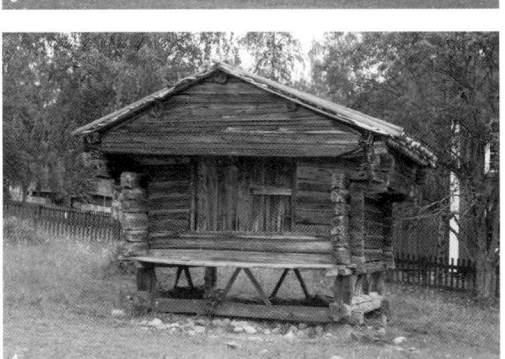

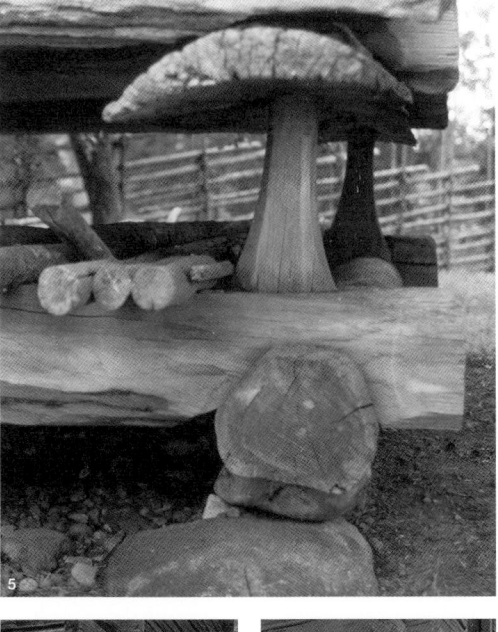

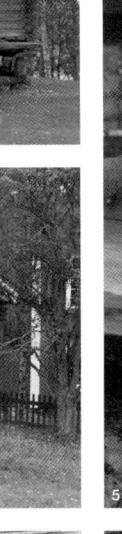

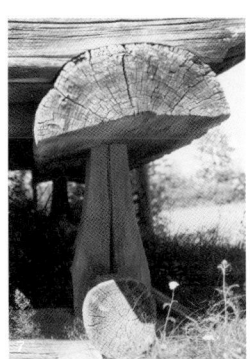

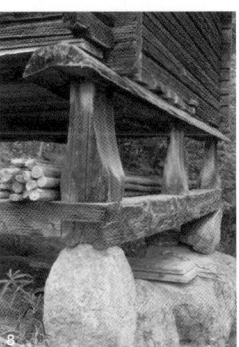

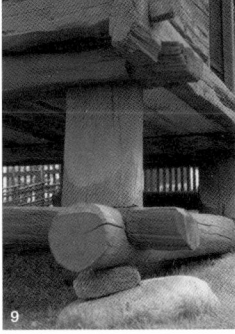

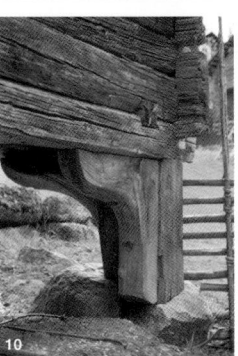

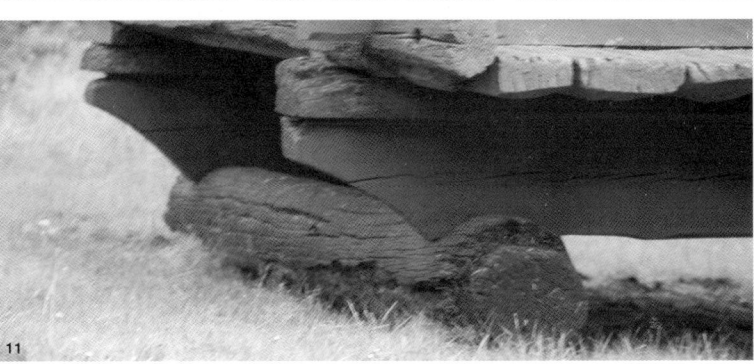

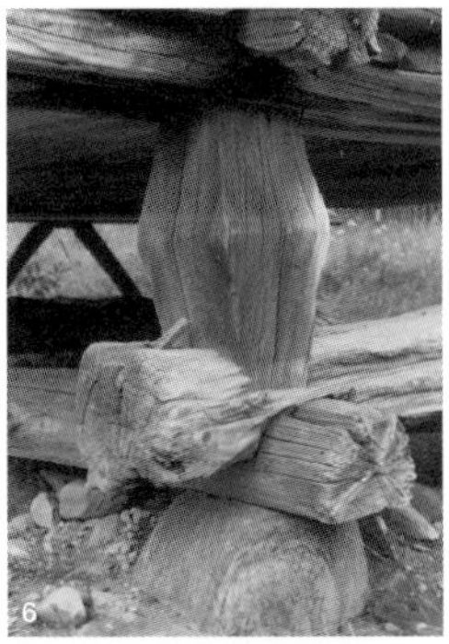
6

7

8

9

10

11

3：
平入り高床の倉
4：
妻入り高床の倉
5：
写真3の倉の足元，先端の尖った束の上に割り丸太の鼠返し
6：
写真4の倉の足元，太鼓形の束
7：
先端を細くした束と半割り丸太の鼠返し
8：
基礎・土台・束・鼠返しの土台・木材組積構法の倉
9：
写真8と似ているが，土台の組み方に変化
10：
基礎石の上に束が直接載った例，鼠返しはない
11：
丸太の上に背の高い角材を載せ，その上に半割り丸太を載せた例

基礎石の上に，下辺を平らにした丸太を2本平行に横たえ，同様な丸太を2本，直交方向に載せ井桁に組む。地域や時代により，井桁に組む部材に変化が見られる。

井桁の交差部には束を立てる。その束は，丸太の上部を削り，細く尖らせるのが基本的形態といえるが，そこにもさまざまな変化が現れる。束の太いほうを，土台をまたぐように加工し，四隅に立て，相対する2本の束の上に，半割り丸太を平らな面を下にして載せる。鼠返しの役割である。それら2本の半割り丸太の上に，木材組積構法の倉を組み立てる。

高床とするために，以下の方法も他国や文献には見られるが，ここでは一般的ではない。太い丸太を下から上に削って細く尖らせ，その先端は「鼠返し」として丸太を円盤状に残し，それら4本の束の上に倉を組み立てる方法である。あまり高くはならないが，井桁に組む土台の上に載る2本の背を高くし，その上に半割り丸太を載せる。これでも鼠返しの役割は保てる。

[壁]

相対する二辺の丸太は同一の高さであるが，直交する二辺のそれは交わる部分を欠き込み，半分ほど高くする。それらの上に，同様にして，下になる丸太に合わせ，下辺をV字あるいは円形に欠き込んだ丸太を重ねていく。

積み重ねる際には，丸太の根元に近い元口と逆の末口とが交互になるように積んでいく。積み上げられた壁の上面をできるだけ水平に保つためである。重ねる丸太の間には，気密性を良くするために，苔や布などが詰められる。

時代とともに，重ねられる丸太は，両側面を削った太鼓落しとなり，さらに角材へと変化していく。丸太の交差部・ノッチのディテールも，地域，時代によって変化する。

構造ではないが，外壁に関して特に記しておきたいのは，通常「ファルンレッド」といわれる塗装である。ファルン辺りで採掘される鉱石の粉と豚の血などを混ぜ，各家独特な製法があるという朱色の塗料で，この地域南部にきわめてよく見られる。スウェーデンの民家を代表する色といえる。

12：
内部の壁丸太が突き出た建物中間部，突き出た木口の間に壁材の継目が見える
13：
通気口を巧みにデザインした倉の壁
14：
材の先端が飛び出さないダブティル・ノッチ（Slät Knutar）

図1 木材組積構法：各種ノッチ

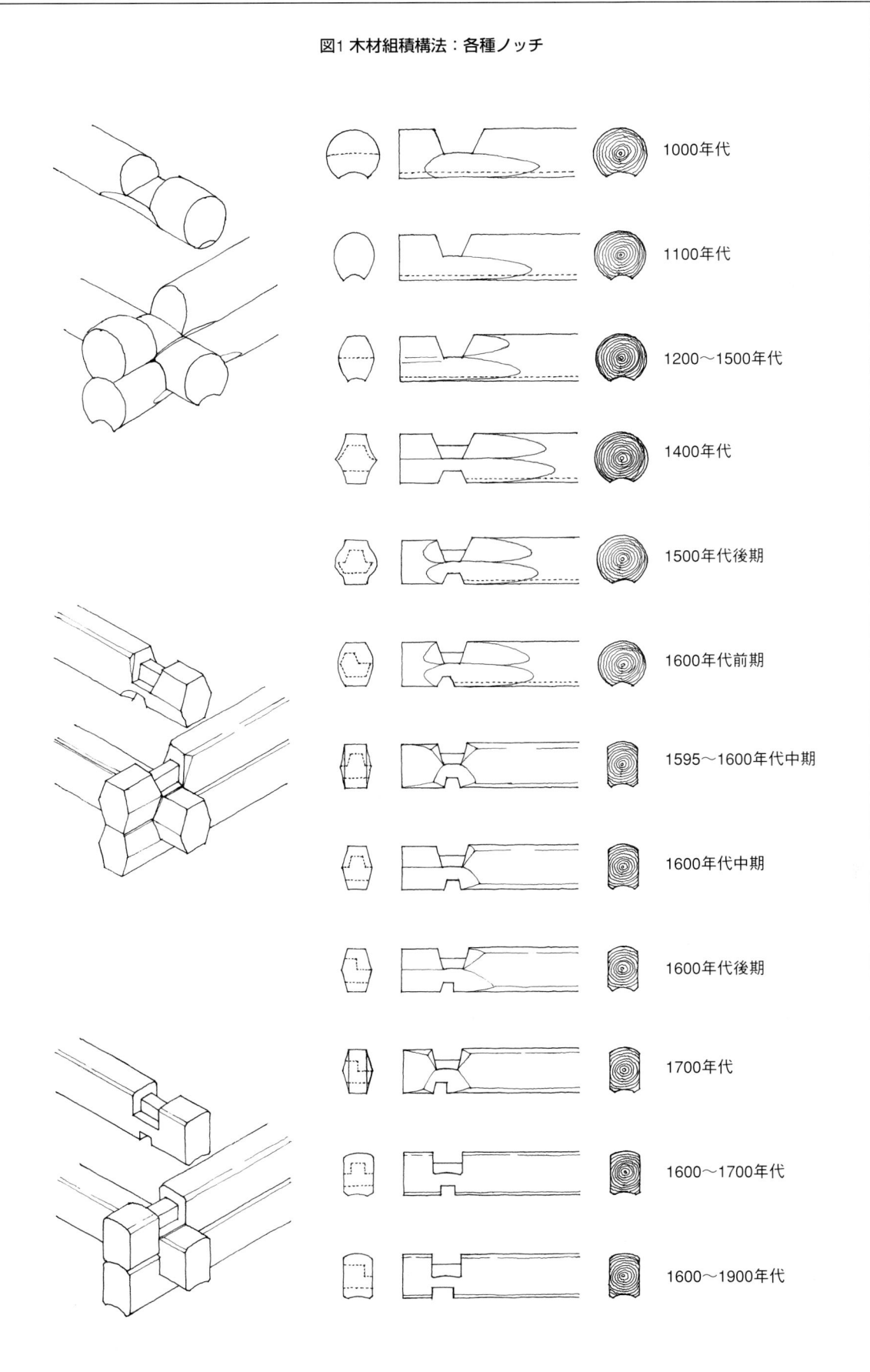

1000年代
1100年代
1200〜1500年代
1400年代
1500年代後期
1600年代前期
1595〜1600年代中期
1600年代中期
1600年代後期
1700年代
1600〜1700年代
1600〜1900年代

II 構法と空間

■屋根

[型式]

　この構法の民家の屋根型は，すべて切妻である。納屋等にはまれに方形などの変形も見られるが，住居棟をはじめとして，大半の建物はその平面的な規模にかかわらず切妻である。

[架構]

　切妻屋根の小屋組は，母屋の架け方で2種に分類される。

○その一つは，相対する妻壁も木材組積構法で，母屋を妻壁の木材の一段おきに差し込み架け渡すタイプ。三角の妻壁部分には直交する壁がないので，妻壁が崩れるのを防ぐためである。したがって，妻壁から妻壁へ何本もの丸太が架け渡されている。このタイプも，壁材同士をダボでつなぎ，妻壁の崩れを防ぐ工夫がされると，母屋の数は減少する。

○もう一つは，両妻壁の間の直交する壁の上に，角材を組んだトラスを立て，その上に母屋を渡すタイプ。それらの母屋の上に垂木が並べられる。垂木は，棟部分で，細い丸太の先端に穴を開け，そこにさらに細い丸太を通し縫い合わせ，両側に密に架け並べるタイプ，同様に半割り丸太を並べるもの，厚板の先端を相欠きにして組み並べるもの，あるいはそれらの部材の先端に直角にダボを打ち込み，母屋に引っ掛ける等々，さまざまな方法が見られる。

　それらは，いずれも棟母屋から懸垂状に架けられている。これは，年月とともに壁丸太が収縮し，壁が沈むことにより，部材にズレが生じるのに対応するためである。

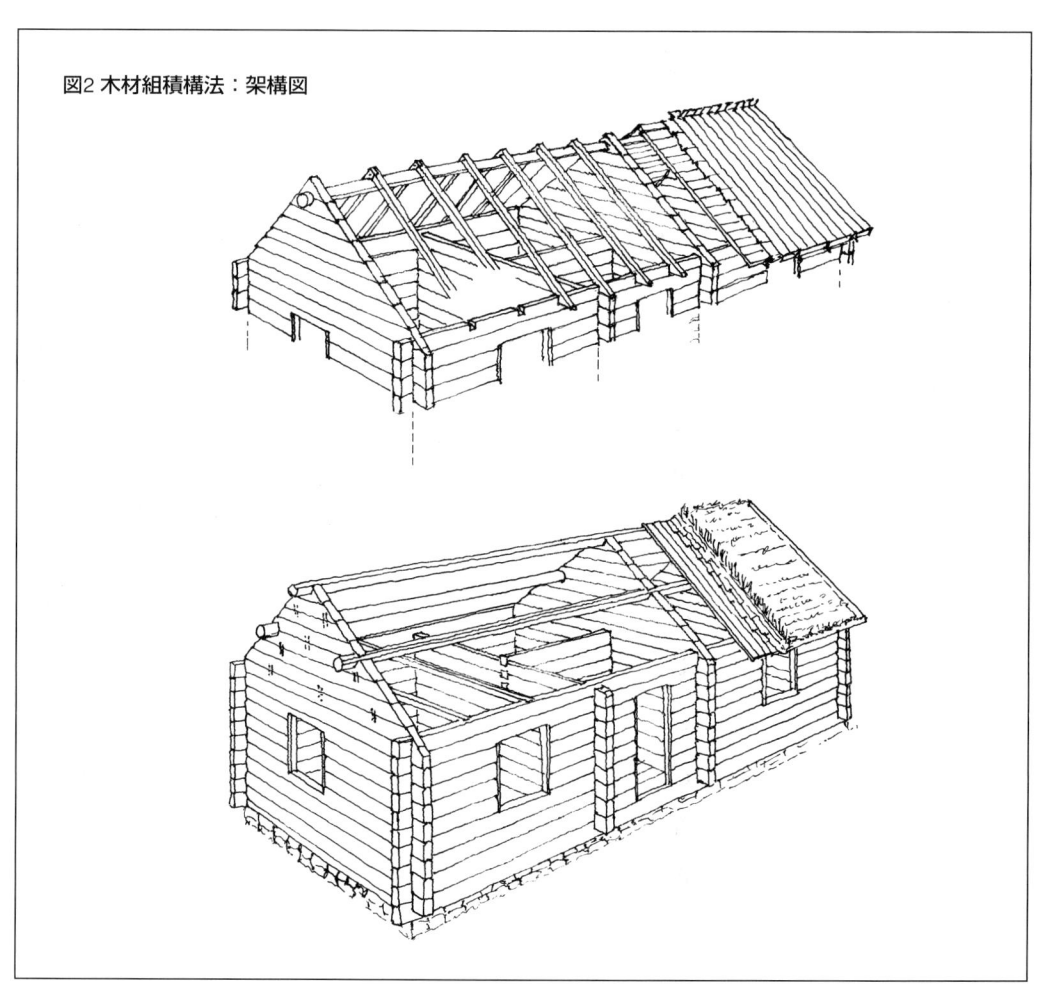

図2 木材組積構法：架構図

［防水材］

　仕上材の下地には，防水材として，白樺の樹皮が必ず用いられていた。白樺の幹に，1m位の間隔をおき，樹皮を輪切りにするように切れ目を入れ，それらをつなぐ縦の切れ目を入れて，そこから樹皮を剥ぎ取る。この白樺の樹皮を葺き重ねた上に仕上材を載せる。

［仕上材］

芝土：まずこの芝土が一般的であった。土だけでは流れ落ちるので，それを防ぐために草の根を絡ませる。断熱効果も期待できる。

丸太：古いタイプや貧しい住居，あるいは納屋などには，細い丸太を堅に密に並べる方法や，あるいは半割り丸太を，平らな面を上下交互に堅に重ね並べる方法が使われる。丸太が滑り落ちないようにするためには，軒先の半割り丸太で止める方法や，棟の部分で，丸太に開けた穴に細い丸太を通して止める方法，半割り丸太を欠き込み，互いに絡ませる方法などさまざまな手法が用いられる。

柿葺き：さらに時代が新しくなると，60cmほどの長さの丸太を，斧で厚さ7mm程度に割り裂いた板を葺き重ねる柿葺きも現れる。

15：
軒先の白い部分が防水材としての白樺の樹皮
16：
芝土の載った屋根
17：
半割り丸太を交互に重ねた屋根
18：
薄板を重ねた柿葺き屋根

■建物配置

　この構法で造られた農家は，住まいである主屋，各種の納屋，倉，家畜小屋などが，それぞれ別棟として建てられる。それらの建物は，それとなく，主屋の前に作業庭を構成するように配置される，分棟型の分散配置である。

　主屋の入口は，作業庭でもあるこの広場に面する。主屋入口側の配置は，周辺の地形，環境などによって決まり，方位との厳密な関係はうかがえない。鍛冶場やバスツゥ（サウナ）のように，特に火を使う建物は，万一の火災での延焼を防ぐために，建物群の一番外れに配置される。

図3 ダーナラ地方の木材組積構法民家の典型的な配置例［ノルボダ農園配置図］
居住棟の周辺に，独立した納屋や家畜小屋を，四角い前庭を構成するように配置する。
バスツゥ（サウナ）や鍛冶屋等の火を扱う建物，あるいは干草置場などの火を呼びやすいものは，火災を恐れ，この図から外れるほど離されて配置された。

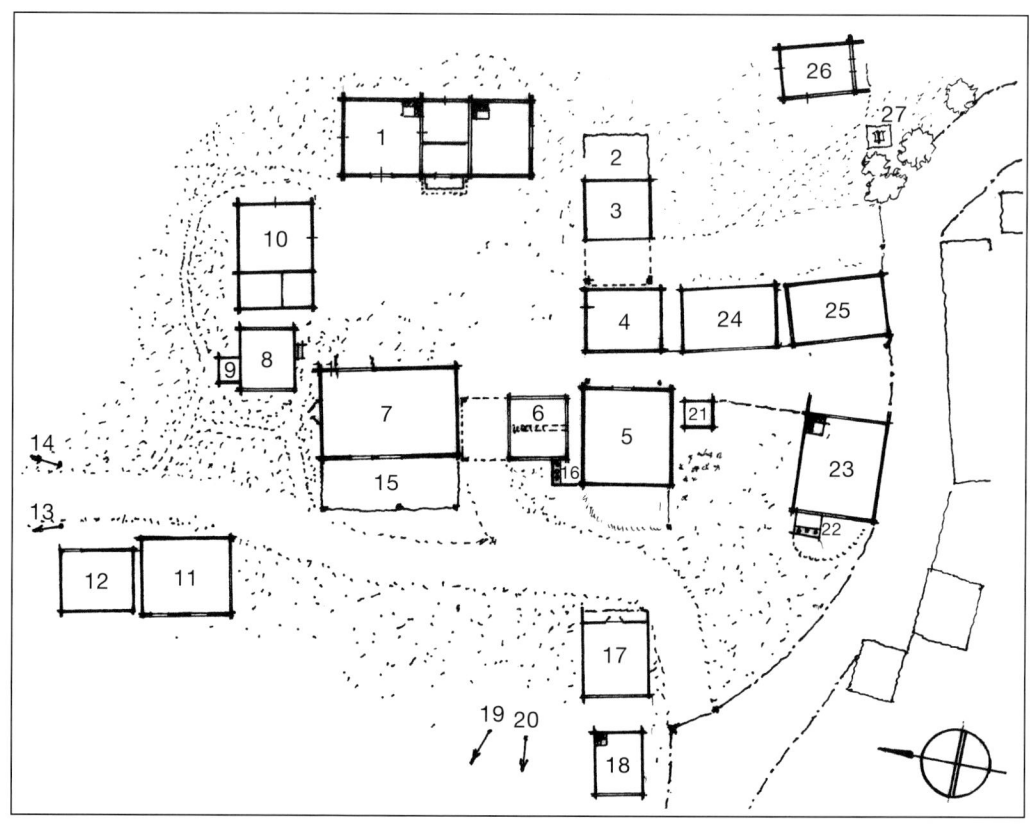

1：主屋（住居棟）　2：薪小屋　3：食糧小屋　4：マメ倉庫　5：家畜小屋　6：馬屋　7：農具納屋
8：貯蔵庫　9：貯蔵庫　10：離れ　11：納屋　12：馬車納屋　13：丸太小屋　14：鍛冶屋　15：附属屋
16：屋外便所　17：道具小屋　18：家畜小屋　19：干草置場　20：バスツゥ　21：豚小屋　22：屋外便所
23：家畜小屋　24：農具納屋　25：馬草納屋　26：衣装小屋　27：井戸

■**主屋平面と空間**

　木材組積構法の住居も，当初は土間床の1室のみで，その中央に火床を設けて暖を採り，調理をしていた。屋根は切妻で，入口は妻側に設けられていた。

　そこでの生活の変化とともに，火床は炉となり，その位置もやがて入口の左右どちらかの隅に定まっていき，床には板が張られる。炉の移動は，冷たい外気を炉の熱気で中和させ，奥まで入れないための配慮でもあった。

　1室住居の妻側の入口回りを囲い込み，風除室でもある入口ホールが一体化され，直接外気が入らなくなっても，当初の意図を維持し，炉の位置はそこに固定される。妻側の入口を囲い込み建築化したとき，そこへの入口は平側に移動する。

　ここに，Enkelstuga（Simplecottage）と名付けられた，「平入り1広間型平面プラン」の基本形が誕生する（第4章のNo.8, 9, 10はその例）。その住居の一室の中で，炊事，食事，睡眠，休息，育児，作業等々，家族の生活のあらゆる行為が行われる。

　この構法で妻側に入口を設けた例は文献にも見い出せないが，第4章No.21-24の例をも考え合わせると，次に見るような増築が意識されたときに移ったものと考えられる。

　家族構成員の変化や生活の変化などに対応するため，増築が行われる。部屋を増やす場合，入口ホールをはさんだ反対側，すなわち妻側に同規模の建物を増築している。この段階で，主室の側に加える例はない。そこに加えられるのは，後に詳しく見る「特別室」であり，日常的に使用される部屋ではない。これはスウェーデン民家の特徴といえる。

　したがって，増築する前の部屋・主室には，ほとんどの機能が残ることになる。入口ホール奥は仕切られ，物置，寝室，仕事部屋などに使われる。ここで，Parstuga（Paircottage）と呼ばれる「2広間型平面プラン」が成立する（第4章No.2, 6, 12, 13, 14等はその例）。成長した娘や若者のためには，夏場，納屋の2階があてがわれたりもした。老人のための部屋は別棟とする例が多い。

　以上，この2つのプランが，スウェーデンの木材組積構法の民家を代表する基本平面プランである。

　さらに規模の大きな増築であっても，元の建物の妻側に加えた。平側に増築する例はない。屋根架構を複雑にすることなく延長で済むからであろう。したがって，平面プランは妻側に一直線に並んだ直列平面となる。

　ここで，主室の奥に増築した例はあるが，特別室の奥に，そこを通り抜けるような増築の例は見当たらない。特別室の側に増築する際は，出入口を外部からにしている。

　住居棟である主屋は，一般的に平屋である。19世紀中頃になると，2階建，3階建の住居も建てられるが，それらは大地主や事業主の住居に多い。その規模のものになると，部屋が前後に並んだ十字型プラン：Korsplan（Crossplan）も現れるが，それは増築の結果ではなく，当初から意図したプランである。規模が大きくなっても階が増えても，屋根型は切妻である。

　木材組積構法民家の基本的要素をまとめると，以下のようになる。

木材組積構法民家： 分棟型分散配置 ── 切妻屋根 ── 直列平面

図4 木材組積構法民家 平面プランの変化

中央炉型　隅炉型

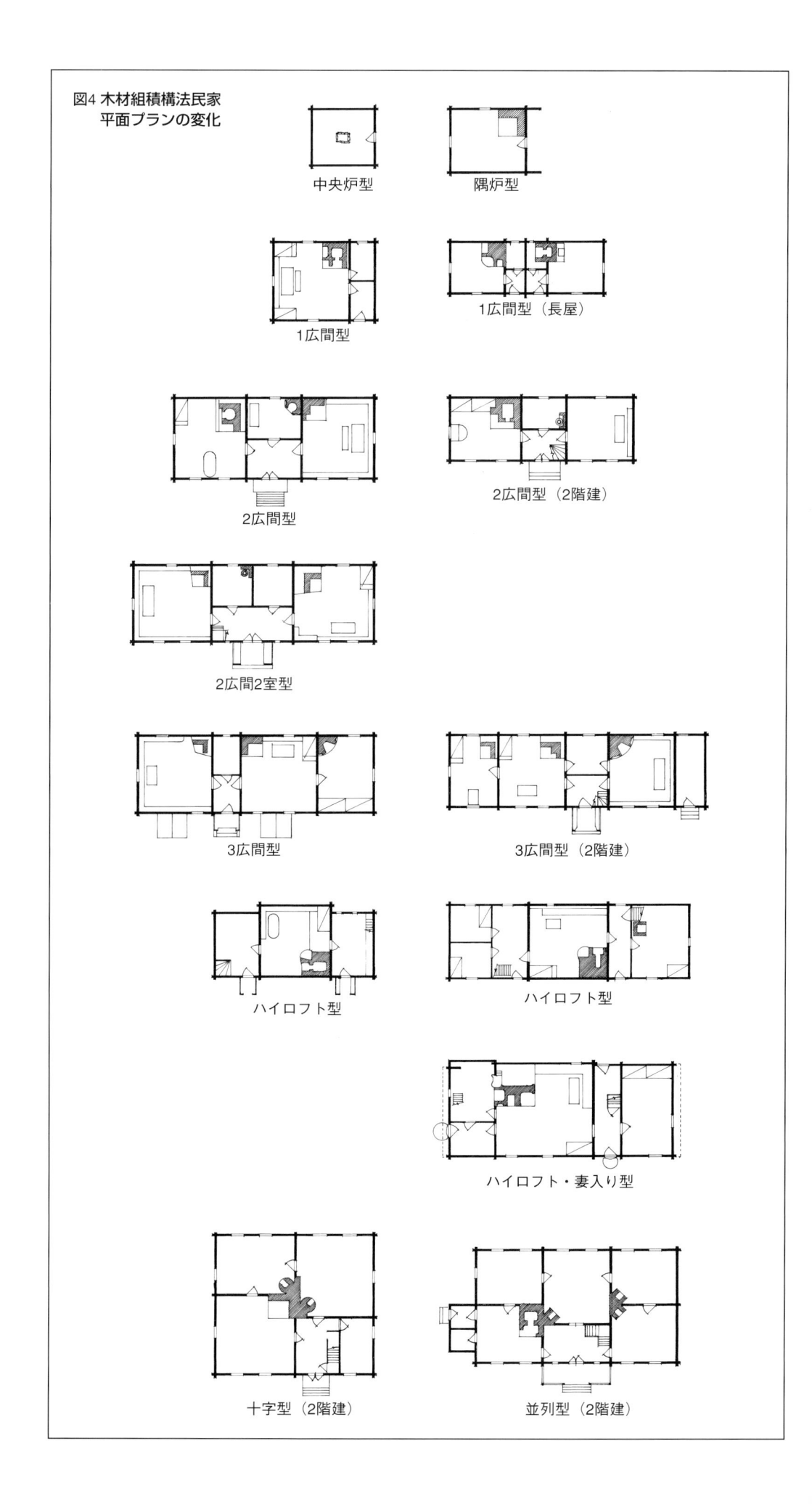

1広間型　1広間型（長屋）

2広間型　2広間型（2階建）

2広間2室型

3広間型　3広間型（2階建）

ハイロフト型　ハイロフト型

ハイロフト・妻入り型

十字型（2階建）　並列型（2階建）

主屋の主室の規模は，一辺が5m前後のほぼ正方形のものが多い。大きなものでは，一辺7mほどのものも作られる。この寸法は利用可能な木材の長さによっている。この5m角ほどの主室空間が，家族のさまざまな生活行為を内包している。

　では，この空間をいかに使い分け，生活行為に対応させていたのか。炉の位置や家具配置から，それを見てみよう。

　主室の炉の位置は，入口右側の角が一般的となる。入口左側，炉の反対側にはおおむねカップボードが設けられている。したがって，入口の左右は調理の場といえる。

　しかし，奥の空間を見ると，左奥にベンチと大テーブルを配し，右奥にベッドを配置したタイプ，左右にベッド，中央に大テーブルのタイプ，テーブルが左側の壁中央に移ったタイプ，さらに炉の奥にテーブルを置いた例も見られ，さまざまである。

　これらの例を見ると，主室の中をコーナーごとに使い分ける意図は感じられない。比較的，炉の奥にベッドを配置する例は多く，一時的な定型とも見えるが，きわめて崩れている。

　しかし，この主室の中に，この国特有の領域設定がなされているのが見い出される。それについては第3章で詳しくみていく。

　主室の窓は，入口左側，つまり作業庭に面する側に2つ，奥の壁に1つ，入口右側の炉の奥の壁に1つ設けられる型が徐々に定まっている。それらの窓は幅1m前後で，高さもせいぜい1mで，さほど大きなものではない。内部空間は，積み上げられた木材の壁量に圧倒されるほどの，閉じた空間となっている。

　床は，一般的に全面板張り。その上の要所要所に細長い織物が敷かれる。

　天井は，当初は，屋根下地に敷き詰められた丸太や野地板の現しで，あらためて天井は張られていない。水平に天井が張られると，その上に，断熱のために泥土が載せられたりもする。

2 ── 軸組構法 ── 「夏の北欧」地域，島嶼部

「夏の北欧」地域では，樹種は多様性を増すが，「冬の北欧」地域に比べれば，針葉樹の森は減少する。そこで，この地域には，真っ直ぐな木材を大量に必要とする木材組積構法だけでなく，別な構法が用いられた。

柱を立て，それらを梁などの横架材でつなぐ軸組構法である。軸組構法の中でも，落し板構法と木骨構法の2種類が用いられ，スウェーデン南部の「夏の北欧」地域や島嶼部には，森の存在のありようによって，3つの構法が混在している。

①豊かな針葉樹の森のあるところでは，木材組積構法（KNUTTIMRING）
②オーク（樫）などの広葉樹の多いところでは，相対する柱に加工された溝と溝の間に厚板を渡す落し板構法（SKIFTESVERK）
③木材の供給が壁面全部を埋められるほどに豊富でなかった地方には，より木材使用量の少ない，柱の間を石やレンガで埋める木骨構法（KORSVIRKE）

厳密には，それらの複合形も認められる。

A 落し板構法 ── SKIFTESVERK

(第4章 No.21-25 参照)

土台の上に柱を立て，それらを梁などの横架材でつなぐ軸組構法であるが，壁は柱と柱の間に渡した板材等で構成する。前述の各種遺構で見たエケトルプ後期の民家構法の系譜といえる。

幅広い板材を取ることのできるオーク（樫）などの落葉樹林を背景としている。しかし，オークの実は牛の重要な飼料であったこと，開墾が進んだことなどから，12世紀頃からオークやハシバミ等の落葉広葉樹の森が減少しはじめる。16世紀には，それらは王家の所有となったため，この構法の素材も松材を代替材とし，それによってこの構法も生き延びてきた。

スウェーデンにおけるこの構法は，エーランドやゴットランドの島嶼部，そして「夏の北欧」地域であるヴェステルイェートランド（Västergötland），ダールスランド（Dalsland）の高原地帯，森林の乏しいハッランド（Halland）やスコーネ（Skåne）などの地方に分布している。

この構法の民家は，フィンランドには見られず，ノルウェーでもきわめてまれで発達していない。その意味では，脇役ではあるが，スウェーデンの特徴的な民家構法といえる。

◻︎躯体

土台，柱，梁などの部材は，角材や板材に製材して用いられる。

［基礎］

形，大きさとも適切な自然石を並べる。荷重の大きい柱の下部には，より大きなしっかりした礎石が置かれる。これらは，木材組積構法の場合とさほど違いはない。

［土台］

明確に土台としての部材が存在する。斧あるいはのこぎりで角材に製材されている。

［柱］

特に建物の角の柱には，断面の一辺が20cm以上もある正方形の太い材が用いられる。角材に製材された柱には，壁の付く側に縦に溝が加工される。

柱と土台との接合にさまざまな方法が見られる（図5）。柱の下部にホゾ加工し，土台のホゾ穴に差し込み結合させる方法もあるが，それより多いのは，柱の下部に溝を加工し，土台をまたがせる方法である。ホゾ加工に必要なノミの発達がみられないことから，これは道具の関係といえるだろう。溝の加工，またがせ方に多様性が見られる。

［桁］

柱と桁や梁の接合もさまざまであるが，特徴的なのは，柱頭にホゾ加工をするのではなく，いくつかの溝を加工し，そこに桁や梁を組み込む方法が圧倒的に用いられている（図6参照）。これも道具の関係での加工法と考えられる。

［壁］

相対する柱に加工された溝と溝の間に，木材を水平に落とし込む。その嵌め込まれる木材には，角材から板までさまざまな加工が見られる（図7参照）。特徴的なのは，五角形断面の壁部材の使用であり，外部には水平に三角形の山の重なりが現れる。その部材の両端は，山を欠き取り平らにして柱の溝に落とし込む。2階に物置の設けられた住居では，2階部分は木材組積構法として組まれた，複合型も見られる。

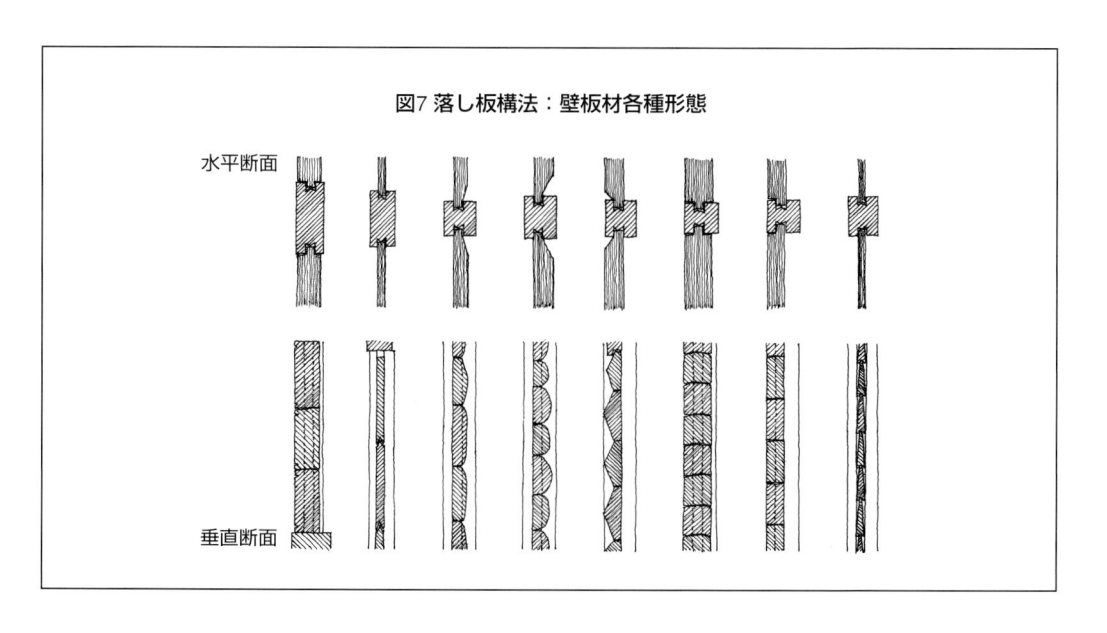

図7 落し板構法：壁板材各種形態

水平断面

垂直断面

図5 落し板構法：土台・柱結合部詳細

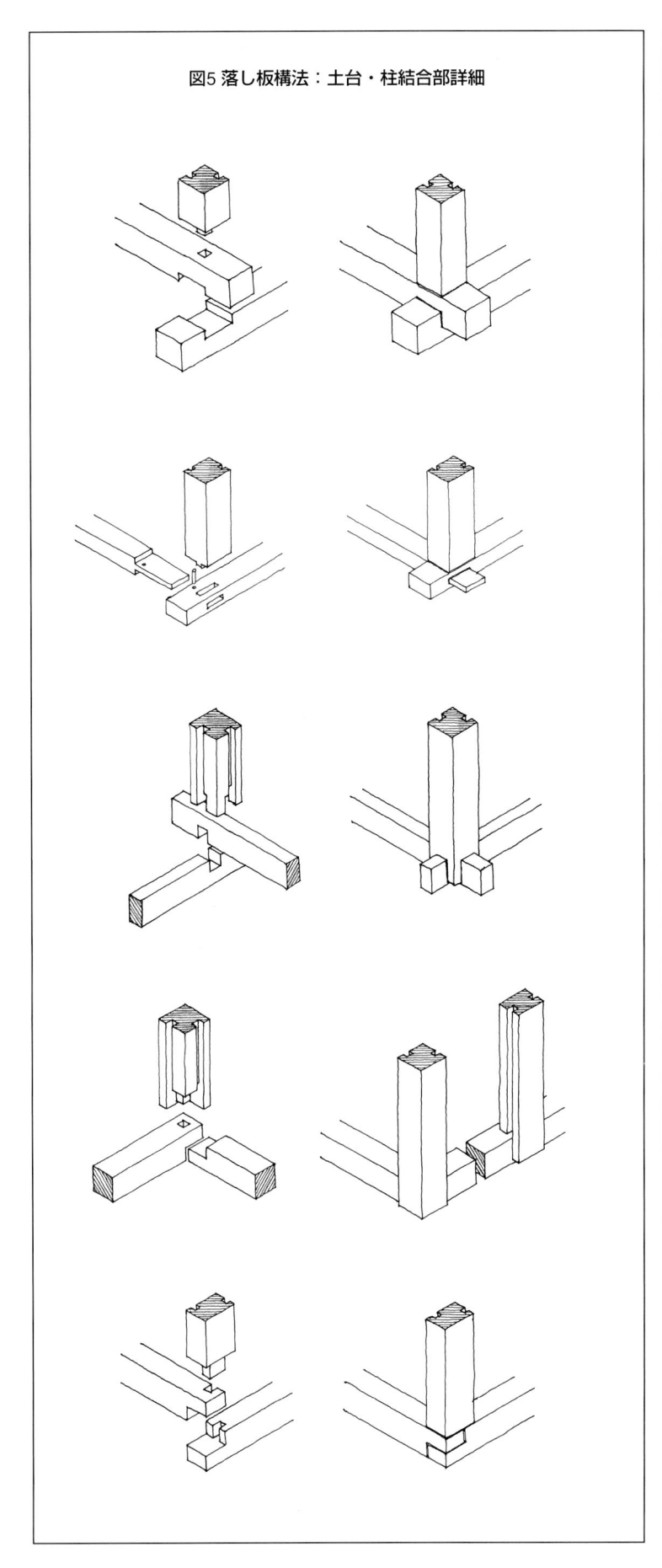

図6 落し板構法：柱・桁・梁結合部詳細図

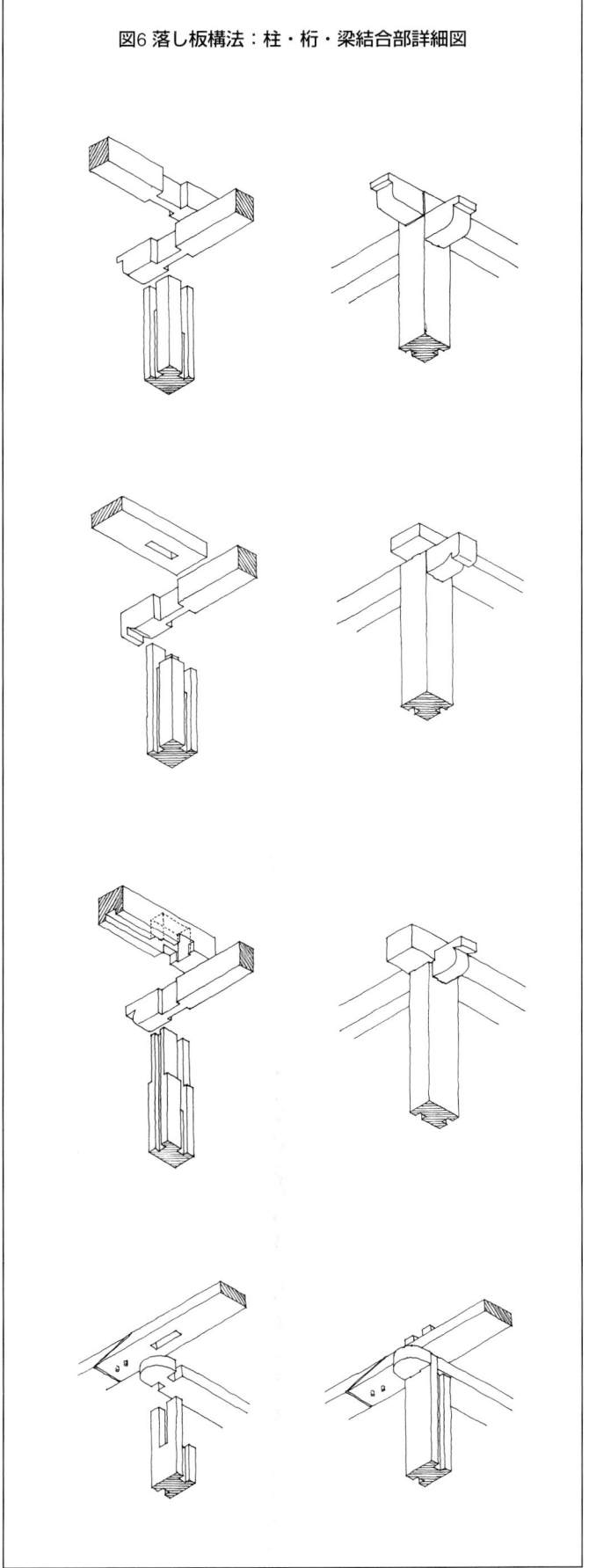

■屋根

［形式］

　基本的に切妻である。仕上材の関係もあり，屋根勾配は急になる。

［架構］

　桁・梁の上に登り梁を合掌に組み，その上に母屋を渡すのが一般的な方法である。桁と梁の組み方，そこへの登り梁の載せ方に，図8に見られるようなさまざまな方法がある。

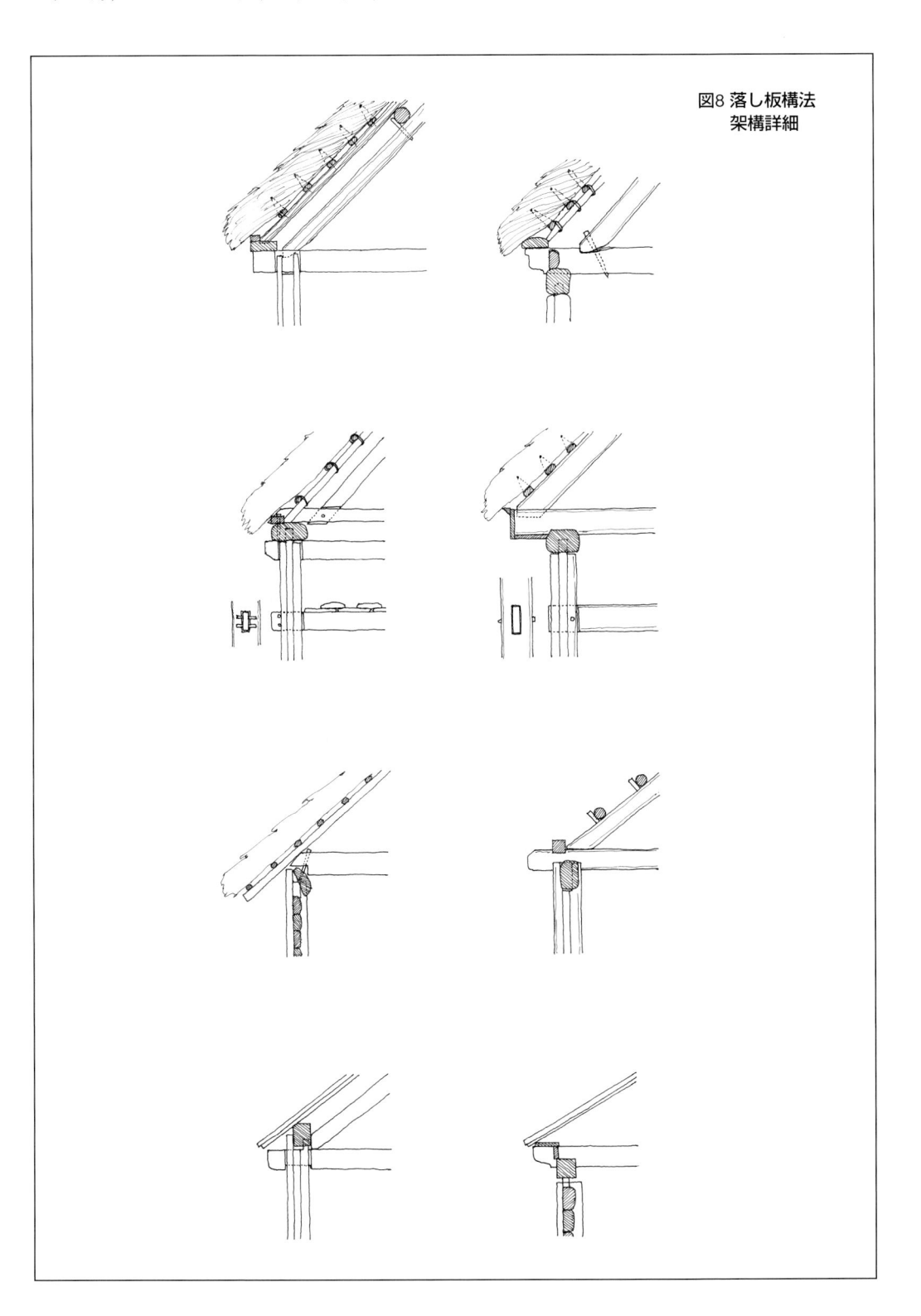

図8 落し板構法 架構詳細

納屋等の住棟以外の建物や，エケトルプで見たような古い住まいには，二本の柱の間に棟持ち柱と梁を十字形に組み，その上に母屋，垂木を架ける方法が使われている。棟持ち柱とつなぎ梁の結合には，板状の梁の中央に穴を開け，そこに半分細くした柱を通す方法や，柱の脇に梁をダボで止める方法などが用いられる。

その他に，門形に組まれた柱，梁の中央に束を立て，頭に母屋を渡し垂木を架ける方法もある。

[防水材]
仕上材の関係で，「冬の北欧」地域ほどには，防水材として白樺の樹皮は使われない。

[仕上材]
大麦やライ麦を収穫する地域だけに，圧倒的に藁葺きとなる。

製材された板を棟から軒へと竪に並べる板葺きも，島嶼部には多く見られる。

□建物配置

主屋（住居棟）は独立し，納屋や家畜棟などはそれぞれ連続し，それらをコの字形やロの字形に配置する例が多い。しかし，その囲み方はさほど密なものではなく，角は開いていたりする。

連棟の途中で，壁の扱いや屋根の高さに変化が見られるのは，増築を重ねたためと解釈される。

□主屋平面と空間

前項（木材組積構法）の民家の主屋平面プランと大きく異なるのは，1広間型住居の入口の位置である。風除室ともいえる入口ホールと主室の2室を備えた家の入口が，妻側に設けられている。木材組積構法の民家では，1室住居の入口は妻側にあり，風除室であるホールが妻側に付加されると，入口は必ず平側に移されている。しかし，ここではそうなっても妻入りプランとなっている。この妻入りタイプは，入口脇に1部屋，奥に主室だけで，それ以上大きなプランは見られない。

この構法では，立っている柱に後から溝を刻むことは困難であり，増築するとなれば，別構造か別棟とせざるを得ない。それを考えると，この平面プランは，風除室としての入口ホールを後に設けたものではなく，当初から主室と一体の平面として計画されたものであることが理解される。このタイプは，特にゴットランド島の民家に顕著である。

2広間以上のタイプになると，やはりホールへの入口は平側になり，そこから広間に入る平面プランとなる。

平面プランの違いでもう一つ特徴的なのは，炉の位置である。主室の入口側，左右どちらかに炉が設けられる例もあるが，炉が主室と前室の境目中央部に設けられるタイプがきわめて多くなる。そのタイプの炉は，前後あるいは三方から使われ，しかも炉を中心にその周辺を回ることができる。

主室側は暖炉の役割が主となり，他方が調理に対応する例が現れる。つまりここでは，主室に含まれていた生活行為の中の炊事作業は，主室の外側に移動し，台所として独立している。炉の主室の側に調理の機能が残っているものでも，反対側は老人室の暖炉となっている。

炉の在り方では，木材組積構法の民家の炉と違い，建物全体に占める炉の割合がきわめて小さくなっている。炉に含まれていたパンを焼く機能がはずされているためかと考えられる。

　「柱」の項で記したが，角の柱は，断面の一辺が20cm以上の太い角材であるため，かなりの部分が部屋内に現れる。そこで，じゃまになるその部分は，床上，天井下それぞれ10cm前後を残し，中間は削り取られている（図9参照）。

　窓の位置や数に，木材組積構法のような定型的なものは見られない。根太天井が設けられ，その上には急勾配の屋根の下に物置が造られている。

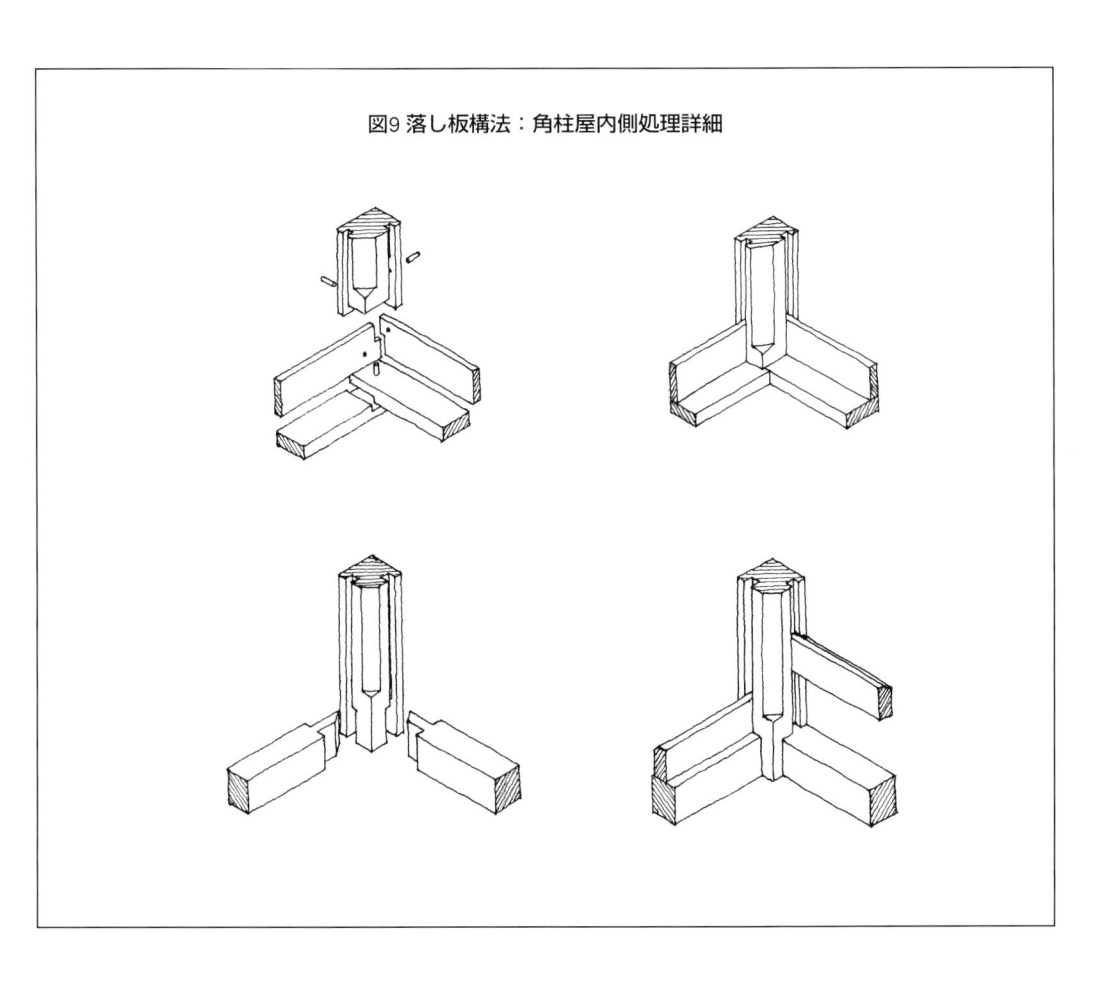

図9 落し板構法：角柱屋内側処理詳細

B　木骨構法── KORSVIRKE

(第4章 No.20 参照)

　スウェーデン南部は，前述したように，「夏の北欧」と称され，地形は平坦で温暖，植生も多様となるが，森林は少なく耕地が増え，「北欧らしさ」の意味でも異質な地域である。

　その上，第1章で見たように，ハッランド，スコーネなどの各州は，かつてデンマーク領であった。それら風土，歴史の影響で，これらの地域の民家は，柱・梁の間に石を詰めた木骨石造，あるいはレンガを詰めた木骨レンガ造，部分的には石造も用いられる。

　構法，平面ともにデンマークの民家と区別しがたい。その意味で，この構法については軽く触れるにとどめる。

□躯体

　基礎は，自然石であることは前記2例と変わりないが，より加工の手が加わり形が整えられている。その上にしっかりとした土台が回り，そこに立つ柱は，ホゾ加工で結ばれる。

　柱は壁の交点だけでなく，壁を支持するためにも，壁の中間にしげく立てられる。その柱の間には壁材として，適当な大きさの玉石やレンガが詰められる。

　柱と柱の頭は，ホゾ加工された角材の桁で互いに結ばれ，相対する柱は頑丈な梁でつながれる。

□屋根

　形式は，基本的には切妻であり，部分的に寄棟が現れる。仕上材は圧倒的に藁葺きとなる。屋根を構成する架構は，合掌の上に母屋，垂木が架けられる。

□建物配置

　主屋，家畜小屋，納屋等，農家に必要な建物のほとんどが，ロの字形に連続して建てられる連棟配置である。

　囲い込まれた内庭への入口は2箇所程度で，その上にはロフトが載るか屋根が架かっている。各棟あるいは各部屋への入口は，内庭側に設けられる。したがって，外部から見ると，きわめて閉鎖的な印象を受け，外部に対する守りの姿勢を感じる。内庭には，外部とは遮断された，閉ざされた空間が構成されている。

　この内庭は，芝生であったり小石が敷き詰められていたりと，きれいに整備されている。そこには井戸が設けられている例も多く，作業空間となっている。

　建物をこのように配置するためには，平坦で広い面積の敷地がなくてはならない。

□主屋平面

　前述2構法の主屋では，主室がさまざまな用途に対応していた。しかし，この構法の主屋には，居間・食事室，台所，寝室等，機能別にそれぞれの部屋を設けるに至る，その過渡的な傾向が見られる。

　居間・食事室である主室の炉は，暖房の機能のみとなり，炊事のための用途は失われる。台所は別室となり，炊事のためだけのカマドが設けられる。さらに大きなパン焼きカマドを備えた調理室も設けられる。

　寝室が複数設けられる例も多い。寝室には，壁際にかなり閉鎖的なベッドが造り付けられている。場合によっては，扉が付けられ，完全に閉じてしまう小さな部屋となる。

　したがって，主室は食事をし，集い，くつろぐ場となっているが，この部屋の隅にベッドが造られた例もまだまだ残っている。全体には，多室平面プランとなっている。

III

スウェーデン民家の空間的特徴

1── 主室における領域と境界の表現

A　境界の象徴

　実測調査を進めていくと，スウェーデン人の心の故郷ともいわれるダーラナ地方や，南部スコーネ地方などの広い地域で，木材組積構法の民家の主屋の主室1室の中に，2つないし3つの領域が意識的に構成されているのに気づいた。そして，その領域の境界には，象徴としての表現が見られる。

□敷居

　木材組積構法の民家は，内部空間を堅固な木材の壁で囲い込んだ開口部の少ない建物であり，それだけでも外部に対する閉鎖性の強い建物だが，主室に入る前に，まず内外の領域の差を強く感じさせるものが存在する。

　入口ドア下の「敷居」である。それは一本の角材で，床より15cmほど高くなっている。建物入口のドア下は勿論だが，各部屋の入口も同様である。

　この構法でのドア枠は，開口部を切り取ったことにより，積み上げられた壁の木材が，荷重によって横にはらむのを防ぐ役割も担わされている。構造体の一部といってよい。その意味で，竪枠が入口側へずれるのを防ぐために，ドア枠の一部として下框を大きくする必要性は考えられる。下框はその役割として設けられていると理解すべきだろう。しかし，それほど高くする必要はない。

　時代とともにドア枠の納まりが変化し洗練されても，敷居を高くする扱いは継続されている。入口ホールへ入ってから主室へ入るのにも，敷居をまたがなくてはならない。両側の部屋の床仕上げが板張りであれば，床の高さを上げ，内と外を同一平面とすることも可能だが，そうはされていない。

　一方，下框を入れず，壁材の一番下ないし二番目の部材に直接竪枠を差し込む例もある。この場合も，内と外を同一平面とすることは可能だ。

　これらのことから，意識的に入りにくくしていると考えられ，結界性が感じられる。

ボーレンゲに，グスタフ・バーサ（Gustav Vasa）の別荘でもあった「Ornässtugan」が保存され，公開されている。

　この建物の2階には，通路に沿って2つの部屋が並び，奥にもう一つ角部屋が設けられている。2つ並んだ部屋の間には通路があり，奥に便所が造られている。

　部屋の入口には，ドア枠の大きな部材が床に横たわり，かなりの覚悟でまたがなくては入れない。しかし，便所への通路の入口の位置は，両側の部屋の入口と同一線上であるが，1階の壁の最上部の丸太がやや現れてはいるものの，ほぼ平らである。

　この通路は2つの部屋の隙間であり，入口にドアを設けていないからであるのはわかる。部屋への出入りに不都合を感じれば，1階壁の最上部丸太に竪枠を差し込むことも，下框を小さくすることも可能であるが，それをしていない。あえて入りにくくしている意図を感じる。

1：
ボーレンゲにあるグスタフ・バーサの別荘
2：
別荘2階の部屋の入口とその奥の便所への通路入口。敷居の高さに差がある

III　スウェーデン民家の空間的特徴　｜　47

□床仕上げ

　中央炉の1室住居の時代の床は土間であったが，炉が部屋の角に設けられるようになると，住居の床仕上げは，入口ホールをはじめとして，どの部屋も板張りが一般的となる。

　しかし，その1室空間を複数の床仕上げとした例が見られる。それも必ず主室の入口から炉の角までが，その奥とは別な床仕上げとなっている。

　次に見る角材の場合とも兼ね合わせ，炉の角の位置に意味が感じられる。

　第4章の「No.15 マルク村の家」および「No.16 エリクスベリ村の家」はその例である。マルク地方の家の前室は，単に入口ホールではなく作業場でもあるが，その床には小石が埋め込まれている。そこから主室に入ると，床仕上げは変化し，炉の角までは平石が敷き詰められており，その奥はさらに変化し，板張りとなっている。

　No.16の例は，入口ホールの小石を敷き詰めた床仕上げが主室まで入り込んでいる。ここでも炉の角で板張りとなり，さらにその境目は板の張り方にも変化が見られる。

　いずれの例でも，訪問者は，その床仕上げの変化によって，主室に入ったとき，平石や小石の部分で留まらざるを得ない印象を受ける。その位置は，常に炉の角であり，手前でも奥でもない。

　同一空間であっても，入口から炉までの部分とその奥とでは，意味あいが違うことを表現している。領域の違いを感じさせられる。

　No.15の例では，床仕上げだけでなく，入口に平行に，炉の角から相対する壁に向かって角材が渡されている。床仕上げの違いだけでなく，その角材の存在によって，領域の変化の表現をより強めているのが感じられる。

3：
炉の角で床仕上げを板張りに変え，さらにその境目は板の張り方も変え，境界を強調している（エリクスベリ村の家）

■梁・角材

　主室は，おおむね一辺が5m前後，大きなもので7mほどの，平面がほぼ正方形の部屋である。炊事，食事，育児，家事，休息，就寝等々，家族の日常の行為の大半がこの一室で行われている。この主室には，入口の左右どちらかの角に，必ず炉が設けられる。

　調査を続けるうちに，日常生活の大半を過ごす住居の主室，そこに足を踏み入れると，その炉の角から，入口に平行に一本の梁が架かっているのに気づいた。その位置を見ると，それは構造的に必要な梁とは考えにくい。建物上部の重量で，相対する壁が外側へはらむのを防ぐために引き寄せる役割かとも考えたが，それならば部屋の中央部に設けたほうがより効果的なはずである。

　第4章「No.8 エストノル村の家」の例では，主室の入口から奥へ50〜60cm入った頭上に，梁が架け渡されている。しかもその奥，炉の角にもう一本ある。いずれもその位置では，構造的な意味合いとは考えにくい。

　「No.10 オルサ村の家」には，同様な位置に，梁ではなく，両側の壁まで達していない角材が天井から吊るされている。こうなると，なお別な意味がありそうだ。

　フィンランドの民家調査で得た，棚板による境界の表現（前出拙著参照）との関連を考えたが，確証はない。このオルサ野外博物館の学芸員の方に尋ねると，さいわいにして，このバーのもつ意外な，あるいは驚くべき役割について聞くことができた。

　最初のバーまでは「他人の領域」，つまり他人が入ることを許されるのはここまでであり，次までは友人なら入れる「友人の領域」，その奥は「家族の領域」だという。つまり，ここには3つの領域が設定されており，このバーは，それぞれの領域の境界の表現であり，象徴的な「しきり」というわけである。

　前項の床仕上げについてのNo.15の例には，床仕上げの変化するところの真上に，炉の角から角材が架け渡されていた。炉に差し込まれた状態で，炉の側の壁には達していない。しかもその角材は，床からその下端までの高さが180cmしかない。

　床仕上げの変化だけでなく，この角材の存在によって，領域の違いがより強く表現されている。このバーのもつ意味を知ったことによって，逆に，前述した，床仕上げを変えることが領域の違いを表現している，とみることにも確信が得られた。

　架け渡された角材の高さを見ると，No.8の家では床から196cm。「No.19 ブレーキンゲの家」の場合は189cmである。他の例でも似たようなもので，さほど高い位置ではない。これは，その角材の存在をより強く認識させようと意図したものであることが理解される。

　その高さによって，その意図を物理的に表現しているのが，次の例である。

　第4章「No.18 ショアリード村の家」では，床から140cmほどの高さに，上下に曲がりくねった木材が，炉の角から相対する壁に向かって架かっている。奥へ入るには，その下を潜らなければならない。

　この木材は，ここへ入る人を肉体的にも一端止める役割を担っている。前述の精神的，象徴的な意味合いとは違う，物理的にも超えがたい障壁である。しかもそれには名前が付いている。Stackarebjälken（Poor Man's Beam）あるいはRackarebjälken（Knackers Beam）と

もいい，かつてこの辺りには，乞食や泥棒が多かったという。

1998年に続き2003年にここを訪ねた時，番をしていたスウェーデンに7年住んでいるというイラン人の青年が，彼の人生も重ね合わせたような上手い表現をしていた。

「これはパスポート・コントロールのようなものだ」と。

家族以外は，チェックされなければ奥へは進めない。許可なく潜ろうとする者は，排除されなければならない。まさしく強い意志を読み取ることができる。

特別な祝いの日には，プアーマンズビームの内側と，その同じ高さの壁面四周が美しい帯状の布で飾られる。それによって，この内側の領域が特別な空間であることが強調される。

炉は炊事と暖房の役割を担うが，2つに分かれており，パン焼きの穴はビームの外側の領域に面し，炎の見えるオープンな火床は内側の領域を向いている。炎もその領域に多大な役割を担い存在している。

プアーマンズビームの内側は，外界の厳しい自然からも，他人からも守られた家族の領域なのである。

この障壁としてのプアーマンズビームの存在を確認したことで，象徴としての梁の存在にも確信が得られた。しかも，「No.19 ブレーキンゲの家」の炉の角の角材には，「No.18 ショアリード村の家」と同じ名前が付けられている。Stackarebjälken（Poor Man's Beam）である。

つまり，ショアリード村の家では，見るからに越え難い物理的な障壁であったものが，ブレーキンゲの家では，同じ名前で呼ばれながら，その位置が頭の上にまで変化したことによって，その存在が象徴的な意味合いへと変化したことを示している。

私が最も関心をもったのは，このように，日常生活のさまざまな行為を受け止める主室の中に，いくつかの領域が設定されており，その境界を物理的な障壁ではなく，象徴としての梁または角材で表現する方法である。

スウェーデン民家の主屋の主室の中には，いくつかの領域が設定されている。その領域は，出入口が設けられた壁に平行な梁あるいは角材によって区画されている。それを潜らなければ次へ進めない第4章No.18の例は，物理的にも境界を認識させる。しかし，他の例では認識せずに先へ進むことも可能である。

つまり，壁や塀のような物理的な境界ではなく，意識に働きかける「しきり」であり，それを認識していない人には意味はなく，効果を発揮しない。

この梁または角材は，ここで生活する人々の約束事，「契約」の象徴として存在している。そして，それを越えるのには，家族の許しを得なければならないのである。

野外博物館の解説の中には，気温の低い時期に，このバーに布を掛け室内を分割して使用した，との記述もあるが，以上見たように，それ以上の意味をもっていたと考えられる。主室の中にこのような領域を設けるのは，スウェーデン民家の特徴であり，ダーラナ地方から南部にかけて，広い地域で見い出すことができる。

4：
主室入口側を見る、裏から見たクラウンバーと境界を示す2本の梁が見える。
5：
主室奥へ進むのには床から1,400mmほどのこの曲りくねった梁を潜らなくてはならない

Ⅲ スウェーデン民家の空間的特徴

デンマークの野外博物館に移築された「ハッランドの農家」にも，領域の境界を示す角材の存在を確認できる。このことは，この民家が，かつてデンマーク領だったハッランド地方にあったものなので移築されたという理由もあるだろうが，このような領域設定をされた民家が，スウェーデン民家にとって重要なものとして移築保存されている，と解釈しても間違いないだろう。

次の例では，フィンランド民家の領域と境界について確認するとともに，スウェーデン民家におけるその存在にも確信を深めた。

ノルウェー国境に近い村トルスビィは，17世紀にフィンランド人が移住してつくった村である。そこには，自分たちのルーツを研究しようとする施設フィンランド文化研究所（Finnkultur Centrum）がある。そこに置かれた模型がどう見てもフィンランドの民家であるのに気づき尋ねたところ，その村の由来について説明を受けた。

近くにその模型の実物があり，見ると，主室の炉の角に立つ柱から，棚板ではないが角材が4つのコーナーの境界に架け渡されている。そこにいた婦人にフィンランドの民家の領域と境界の話をすると，まさにその通りだといい，付け加えて，「入口に平行な角材は，そこから先は入ってはいけないということも示している」と。この説明は，フィンランド民家にもその意識はあるがさほど強くはなく，スウェーデン民家の影響を受け，意味合いが強調された話かと考えられる。

6：
デンマーク，リングビィの野外博物館に移築・保存されたスウェーデン・ハッランドの農家

7：
ハッランドの農家主室の炉の脇に架かる境界を示す角材

8：
フィンランド人が移住して造った村の民家

9：
写真8の民家主室，炉の角の柱から相対する壁に向かって2本の角材が架け渡されている

B 領域設定の特徴

　日常生活の大半の行為が行われる主室，その1室空間における領域のあり方を見てみよう。第2章「木材組積構法の主屋平面と空間」にも記したが，入口の右角に炉が設けられ，反対側に食器棚が置かれた配置から，入口から炉の角までは主として炊事の場であると解釈される。炉の角から奥の家具配置を見ると，炉の対角線上の角にベンチと大テーブル，奥にベッドを配置する例が多いとはいえるが，他に多様な例が出てくる。

　第4章，No.8およびNo.10の例に見られるように，奥の壁の手前中央に大テーブルが配置され，その両側の角にベッドが造り付けられている。つまり，両角とも寝るための場所として，機能的に同等に扱われている。炉の奥の空間には，集う，食べる，寝るといった，それぞれの行為に対応する場がどこであるかの定型はないかに見えてくる。

　このように家具配置とも関連づけて見ると，炉の奥の空間を，コーナーごとに機能的に位置づけた領域設定は，徐々に崩れていったのではないかと理解される。角材または梁の架け方と，その下の家具配置を考え合わせると，領域が設定されているのは部屋の角ごとではなく，入口から奥へと設けられているのが読み取れる。

　このように，スウェーデン民家の主室の中の領域は，出入口に平行に，奥へ奥へと設定されているのがわかる。

　この領域設定された炉の奥の空間は，その手前に対してどんな意味をもつのだろうか。No.8の例では，入口から50～60cm入ったところまでは「他人の領域」，次の炉の角までは「友人の領域」，一番奥は「家族の領域」だった。その家族の領域に置かれた大テーブルの上部には，1本の板状のバーが，入口に平行に天井から吊り下げられている。

　そのバーには彫り物が施されている。彫り物は入口側のみで，裏側は平らで何も彫られていない。バーの両端には龍頭が刻まれている。悪霊を退ける霊力があると信じられたドラゴンであり，ヴァイキング時代の名残りである。つまり，その領域は神によって守られているのである。このバーにも名称があり，Kronstäng，英訳するとクラウンバー（Crownbar）と呼ばれている。

　角材によって領域づけられた「家族の領域」には，他にもさまざまなクラウンバーが見られる。No.19の例では，断面の幅65mm，高さ90mmの単なる角材で，あっさりしたものもある。

　最も見事なクラウンバーは，ストックホルムのスカンセン野外博物館で見ることができる。そこに移築保存された「Morastugan」(ムーラの家)の主室の奥中央の天井から架かっている。全体に透かし彫りとなった見事なものである。つまり，そのバーの周辺，一番奥の領域は，神によって守られた大切な家族の空間であることを象徴している。

　それらのバーに象徴されるように，炉の奥の空間は「家族の領域」として，「家族以外の他人」から侵されてはならない空間として，重要な意味をもっていた。

　No.8における「他人の領域」，「他人」が入れるのはここまでとする領域設定。あるいは，No.18の民家の中の，それを潜らなければ奥へ進めないプアーマンズビームは，乞食等が入り

込むのを防ぐ意図があったという。他の梁または角材のあり方も、入口から奥へ進むのを制御しようとしている。

　これらの事例から理解されるのは、主室の中で行われるさまざまな行為を機能的に位置付けようとする領域設定ではなく、むしろ防御の姿勢であり、「家族の領域」をより強固にするために、他人を近づけまいとする姿勢の現れとも見える。

　スウェーデンの民家主室の中には、部屋の入口に平行に、奥へ奥へといくつかの領域が設定され、その境界には象徴としての梁または角材が設けられている。その意図するところは、奥の「家族の領域」を「他者」から守るための防御の目的である、といえる。

10：
エストノル村の家。主室奥のクラウンバー
11：
スカンセン・ムーラ地方の家
12：
ムーラ地方の家。主室奥の透かし彫りのクラウンバー

C　2つの領域

すでに記したように，領域を意識させるのは，床仕上材の変化であったり，相対する壁から壁へ渡された角材である。床仕上げは，部屋の入口左右どちらかに設置された炉の角で変化する。梁や角材も，炉の角に取り付けられている。いずれの例でも炉の角で，その位置に変わりはない。

基本的に，領域の変化の位置は炉の角に設定されている。炉の角までは，部屋の奥行の3分の1ほどの距離で，幅もやや狭く，その奥は横にも広くなる。その意味でも区切りのよい位置といえる。

奥は家族の領域で，その象徴としてクラウンバーが下げられる。親しい友人であっても，招かれなければそこには足を踏み入れなかったであろう。つまり，1広間の中の領域は，基本的に，次の2つに設定される。
①入口から炉の角までの他人の領域
②その奥の家族の領域

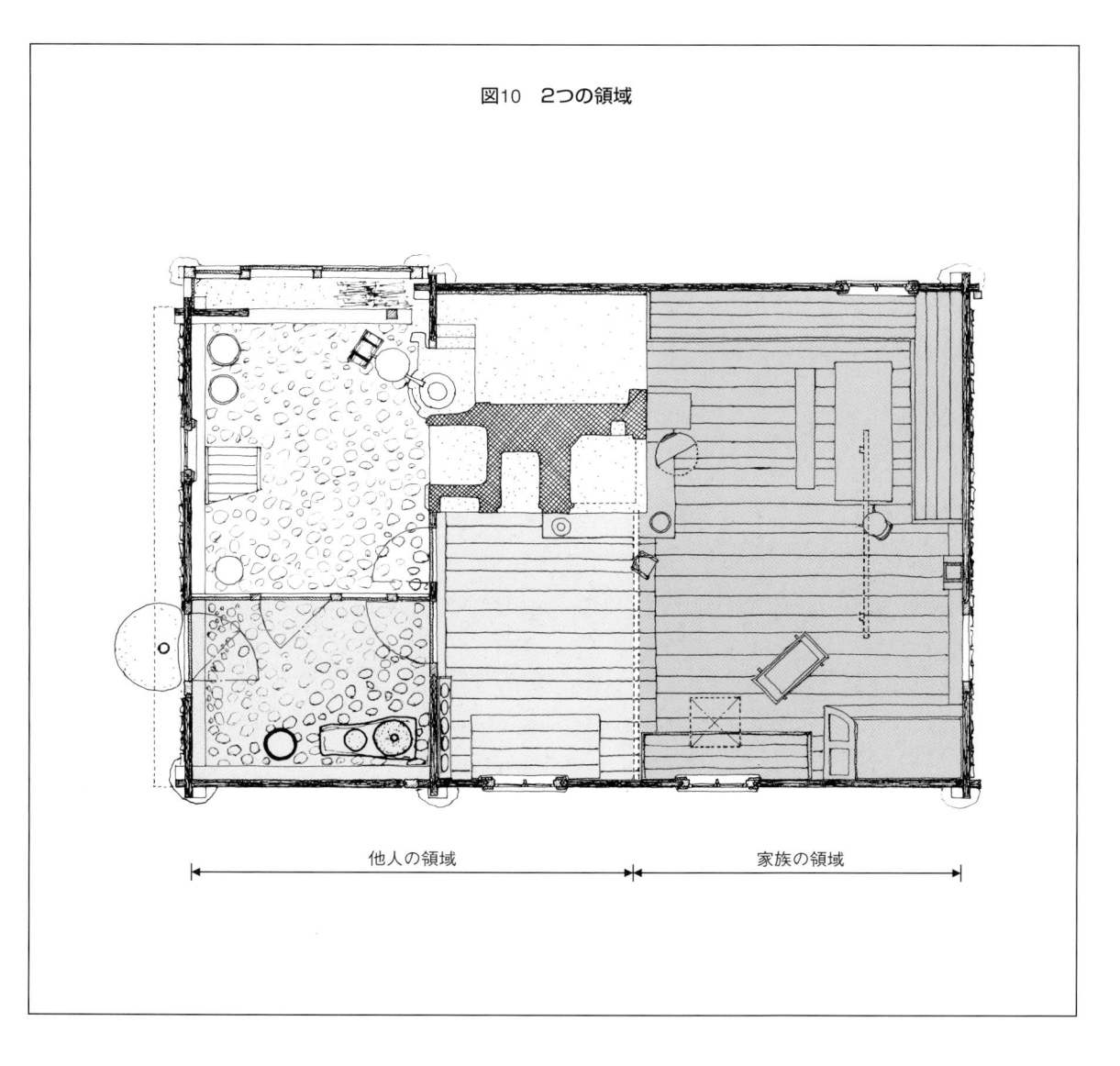

図10　2つの領域

D　3つの領域

　第4章「No.8 エストノル村の家」では，炉の角だけでなく，もっと手前の，主室入口から50～60cm入った上部に，さらに1本の角材が架け渡されていた。「No.10 オルサ村の家」には，同様な位置に2本のバーが取り付けられていた。

　これらの主室の中には，2本の角材ないしバーによって分割された，3つの領域が存在することになる。

①入口から最初の角材までの一つ目の領域は「他人の領域」
②1本目から2本目の炉の角までは「友人の領域」
③その奥は「家族の領域」

　奥の家族の領域に，クラウンバーが設けられているのはいうまでもない。つまり，これらの例では，2つの領域の手前の領域の中に，もう1つの領域を設けることによって，家族の領域に対する防御の意図をより強固にしている。3つの領域設定は，防御の表現の強調といえる。

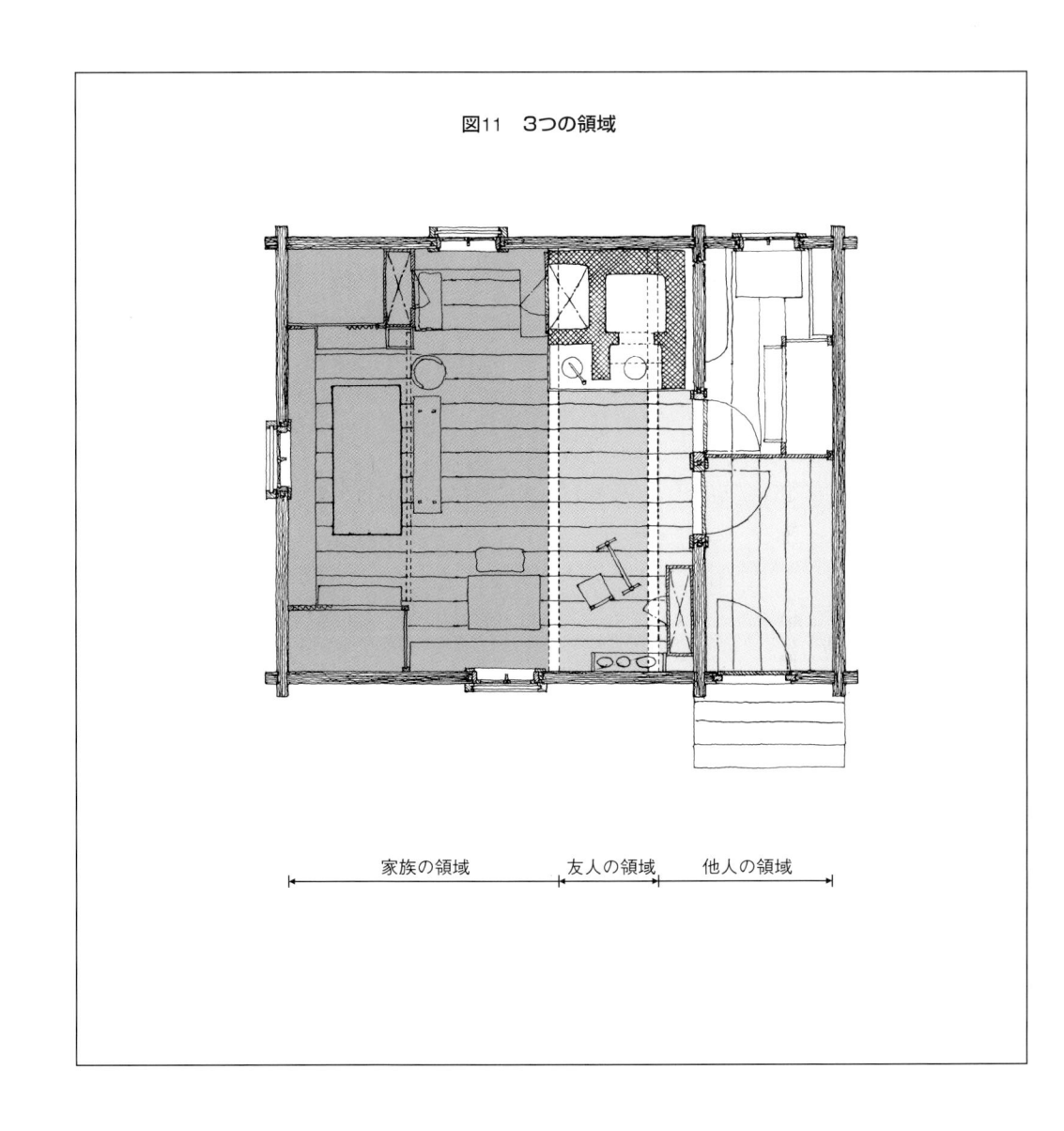

図11　3つの領域

2── 主屋における「特別室」の存在

　木材組積構法の民家は当初，1室住居であった。その時代，入口は妻側に設けられていた。1室住居の妻側が囲い込まれ，風除室が付設，一体化され入口ホールとなり，入口は平入りとなって平面プランの基本形が誕生する。Enkelstuga（Simplecottage）と名付けられたプランで，第4章No.8・9・10はその例である。

　その後，入口ホールをはさんで主室の反対側に，主室とほぼ同面積の部屋が増設される。第4章のNo.2・6・12・13・14等はその例で，これはParstuga（Paircottage）と呼ばれている。これらは，スウェーデンの木材組積構法の民家の代表的な基本平面プランである。

　主室と同規模の増設された部屋，それが「特別室」で，その部屋に足を踏み入れた途端に非日常的な気配を感じる。

　部屋の天井，あるいは壁は，美しい絵で埋め尽くされており，反対側の日常の生活空間とはまったく異質な空気を感じる"聖なる空間"となっている。その絵は，天井板や壁の角材に直接描かれたり，紙や布に描かれたものが貼られていたりもする。

　モチーフは，花やキリスト教がもとになった宗教画で，それらの絵の作者はさまざまで，大半が名も知れぬ人であり，彼らはその地域を巡り，それらの絵を描いたり，カップボードなどを花の絵で彩ったりしていたようである。なかには，かつて教会の内部を飾っていたものを，何らかの事情で移したものもある。

　部屋には家具が少なく床が広々と見えているのも，非日常的な気配を感ずる一因となっている。「デイルーム」とも呼ばれる主室には，炊事する，食べる，集う，寝るといった，日常生活の大半に対応する家具や道具があふれている。それに対して，「特別室」の中に設えられているのは，暖炉と部屋の奥のベンチと大テーブル，そしてカップボード程度で，極端な対比を示す。

　この「特別室」は，結婚式やクリスマス，祭日などの特別な時，いわばハレの日に使われ，日頃は閉ざされていたという。閉ざされている間は，家財の収納場所として使われていた。そこには，家具，衣類，衣類の入った櫃，その他さまざまなパンや乾肉等の保存食までが，

天井から下げられたバーに通され保存されていた。

　その部屋を使う時がくると，それらの家財は片付けられ，食べ物はカップボードにしまわれていた高価な祝いの器に盛られ，大テーブルに並べられた。テーブルには銀製品や高価なキャンドルスタンドも飾られる。さまざまなしつらいが施され，特別な日の舞台が整えられる。

　クリスマスには，使用人も含め大勢がここに集い，祝い，祈ったことであろう。年に一，二度，牧師がやって来て，この部屋で説教をすることもあったという。広々とした床には，人々が立ち，あるいは跪いて祈り，説教を聞いたであろうし，結婚式には，広々と見える床の上ではダンスも踊られていただろう。夏であれば，ダンスの輪は前庭にも広がっていったことだろう。

　特別室の奥の壁際には，ベンチが造り付けられ，その手前に，大テーブルと独立したベンチが一対となって必ず設えられている。

　大テーブル前に置かれた背もたれの付いたベンチは，実に興味深い存在である。テーブルに向かって座るときには，当然背もたれはテーブルから離れた位置に在る。一般的にはそれだけで用は済む。

　しかし，そのベンチの背もたれは，前後に回転し，テーブルの側に移動する。テーブルを背に入口側を向いて座るように変化する。つまり，その状態で座る人は，入口側で行われる行為を見るための座り方となる。ベンチを持ち上げて向きを変えなくても済むわけで，それほど頻繁に向きを変える必要があったということだろう。

　第4章「No.7 ペニルサス農園」の家には，主室にも背もたれの回転するベンチが置かれている。その意味合いを尋ねると，背もたれがベンチ側にあるときは，「ようこそいらっしゃいました」という歓迎の表現だという。境界の表現と相まって興味深い。

　この特別室は，ノルウェーの民家にも多少見られるが，数多く存在することで，スウェーデン民家の特徴といってよい。

13：
壁・天井とも絵で埋めつくされたノルベリ村の家の特別室。テーブル前に置かれた背もたれが回転するベンチ

IV
各地の民家

掲載民家の位置

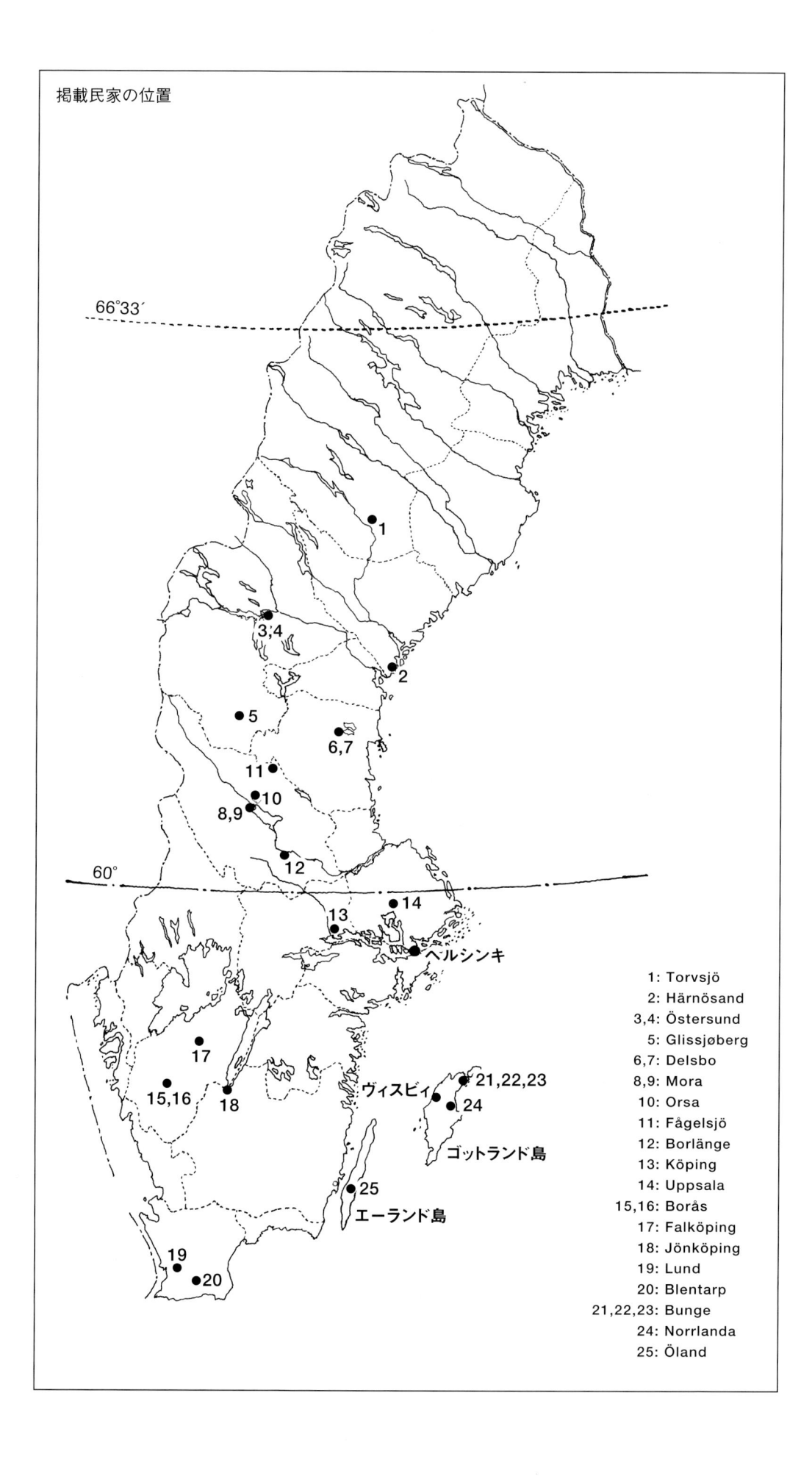

66°33′

60°

ヘルシンキ
ヴィスビィ
ゴットランド島
エーランド島

1: Torvsjö
2: Härnösand
3,4: Östersund
5: Glissjøberg
6,7: Delsbo
8,9: Mora
10: Orsa
11: Fågelsjö
12: Borlänge
13: Köping
14: Uppsala
15,16: Borås
17: Falköping
18: Jönköping
19: Lund
20: Blentarp
21,22,23: Bunge
24: Norrlanda
25: Öland

スウェーデン各地の民家リスト

地域 建物名称	特　　徴	建設年代	現所在地	地　方
北極圏				
1　ラップランドの民家		19C	[Torvsjö Skogsmuseum] Torvsjö	Lappland
「冬の北欧」地域				
2　オンゲルマンランド地方の農園 【Ångermanland gården】	特別室，背の回転するベンチ	1760	[Länsmuseet] Härnösand	Ångermanland
3　リルヘーダル村のエストモン農園 【Lillhärdal farmstead】	特別室	1785	[Jamtly] Östersund	Jämtland
4　裁判所兼住居 【Tingshuset（裁判所）】		1824	[Jamtly] Östersund	Jämtland
5　フィンランド移民の農園 【Remsgården】	三期増築	17C	Glissjøberg, Remmet	Härjedalen
6　ノルベリ村の家 【Norrbergstugan】	特別室，全室に絵，背の回転するベンチ	17C	[Delsbo Forngård] Delsbo	Hälsingland
7　ペニルサス農園 【Pernilsas gården】	特別室，背の回転するベンチ	18C	[Delsbo Forngård] Delsbo	Hälsingland
8　エストノル村の家 【Östnorstugan】	3種の領域：境界（角材），クラウンバー	1684	[Zorns Gammelgård] Mora	Dalarna
9　時計職人の作業小屋 【Verkstadsstugan】		1764	[Zorns Gammelgård] Mora	Dalarna
10　オルサ村の家 【Orsastugan】	3種の領域：境界（角材），クラウンバー	19C	[Orsa Hembygdsgård] Orsa	Dalarna
11　フィンランド移民の家 【Mårten stugan】	ウェディングドア，特別室，2階建，住居内事務室	17C	[Fågelsjö Gammelgård] Fågelsjö	Dalarna
12　インテリア村の家 【Stugan från Inredning】	特別室，背の回転するベンチ	18C	[Kullesgården] Borlänge	Dalarna
13　エリクソン家 【Erikson stugan】	特別室	18C	[Köping museet] Köping	Västmanland
14　ニーブラ村の家 【Mangårdsbyggna】	特別室，2階建	19C	[Disagården Friluftsmuseum] Uppsala	Uppland
「夏の北欧」地域				
15　マルク村の家 【Marbostugan】	領域：境界（床仕上げ・角材） ハイロフトタイプ	17C	[Borås museet] Borås	Västergötland
16　エリクスベリ村の家 【Gäsenestugan】	領域：境界（床仕上げ） 樫厚板	18C	[Borås museet] Borås	Västergötland
17　ホフマンの長屋 【Hommans stuga】	2軒長屋	1845	[Åsle Tå] Falköping	Västergötland
18　ショアリード村の家 【Höglofts stugan】	領域：境界（プアーマンズビーム） ハイロフトタイプ	17C	[City Park] Jönköping	Småland
19　ブレーキンゲの家 【Blekinge farmfouse】	領域：境界（角材），クラウンバー ハイロフトタイプ，妻入り	18C	[Kulturen Lund] Lund	Skåne
20　ブレンタルプの農園 【Gamlegarden】	木骨造：柱，梁，ロの字配置：連棟	1812	[Kulturens Östarp] Blentarp	Skåne
「島嶼部」				
21　エクスタ村の家 【Lunderhagestugan】	落し板構法	17C	[Bunge museet] Bunge	Gotland
22　サンダ村の家 【Sandastugan】	落し板構法	18C	[Bunge museet] Bunge	Gotland
23　ブロ村の家 【Undantagsstuga】	落し板構法	18C	[Bunge museet] Bunge	Gotland
24　リナの家 【Linastugan】	落し板構法	18C	Norrlanda	Gotland
25　エーランド島の民家 【Norrgården, Karl Olsgården】	落し板構法，石壁	18C	[Himmelsberga Museum]	Öland

1 —— 北極圏

1. ラップランドの民家

　サーミ（旧称ラップ）人はかつて，北極圏で国境もかかわりなく，家畜化したトナカイを追って移動生活をしていた。移動中はテント生活で，そのテントも，移動の際には骨組がソリとなる優れものであった（詳しくは，前記拙著を参照されたい）。

　彼らは，春になるとトナカイを一箇所に集め解体した。その際に，はある程度定住するための住居を設けた。それが写真に見られるものである。

1-1：
白樺林の中の3種の建物
1-2：
やや規模の大きな方形屋根の住まい
1-3：
入口は屋根部分と下の壁と、2枚を開ける
1-4：
白樺の丸太を円錐状に立て並べた住まい。中央に炉がある
1-5：
下3段は角材で組み、その上に小屋組をした八角形の住居。やはり中央に炉
1-6：
サーミ人独特の他の動物から守るための樹上食料庫。日頃ハシゴは架かっていない

IV 各地の民家 | 63

2 ──「冬の北欧」地域

2. オンゲルマンランド地方の農園

現所在地：[LÄNSMUSEET] Hårnösand, Vasternorrland, Ångermanland
旧所在地：Vasternorrland, Ångermanland
建設年代：1760年，1822年増築

　バルト海岸寄り，北緯62度30分辺りの町，Hårnösandの中心から1.3kmほどの丘の中腹に野外博物館「LÄNSMUSEET」が設置されている。かなり規模が大きく，1913年に移築された木造の鐘楼をはじめとして，80棟ほどの建物が移築保存されている。

　それらの中の一群がオンゲルマンランド農園だが，1996年に次いで98年に訪ねたときには，火災で一部焼け落ちていた。この農園は1820年代の裕福な農家であり，中世から1880年代に至る，北部スウェーデンの典型的な農園の姿を示している。

　それぞれ木材組積構法で，屋根裏部屋のある門屋，居住棟である主屋，老いた両親のための小さな家，馬屋，納屋など数棟が，中庭を構成するようにして建てられている。主屋は，二期にわたり建てられたもので，入口ホールを含む主室側が1760年に建てられ，1822年にホール右側の大きな部屋が増築されている。つまり，当初は1広間型平面だったのが，増築され2広間型平面となっている。

　主屋中央の入口ホールの壁には，外出の際に必要な物を掛けておくためのフックが取り付けられている。左側のドア下の敷居をまたいで入ると主室であり，右側の角にこの部屋の4分の1近い面積を占める炉が設けられている。炉は，入口側が日常の煮炊きの場であり，奥側がパン焼きとなっている。

　炉の奥の角には，二段ベッドが造り付けられている。上の段が子ども，下の段は両親用に使われ，その一番下には縦方向に引き出すもう一つのベッドが設けられている。客用など臨時のベッドだという。

炉とベッドの間には，幼児用の揺りベッドが置かれている。炉の反対側の角には，深い緑色に塗装され，曲面のついた食器戸棚が設けられている。その奥，中庭に面する壁には2つの窓が設けられ，その中間に大きなテーブルと椅子が置かれている。食事の場であり，くつろぎの場となる。

　この部屋には，正面の壁にもう一つ窓が設けられているだけで，圧倒的な木の壁量を感じる。その壁の上には，切妻の屋根勾配なりに板張りの天井が立ち上がり，中央部で水平になる。光の届きにくい，板張りの腰折れ天井に覆われ，積み上げられた木の壁に囲まれた，きわめて閉じた空間。ここがこの農園の人々の，室内での生活行為のほとんどすべてに対応する空間である。

　ホール右側の部屋に入ると，様子は一変する。壁，天井とも布張りで，それに描かれた花の絵で埋められている。床が広く，部屋が明るく見える。置かれているものは少ない。

　部屋左側の炉は，主室に比べ小さく，暖を採ることが主となっている。部屋正面の窓の前には大テーブルが置かれ，その周辺，三方の壁沿いには狭いベンチが取り付けられている。大テーブルの手前には独立したベンチが置かれている。

　この部屋は，結婚式やクリスマスなど，いわゆるハレの日に使われ，日頃は衣類などをしまっておく程度で，ほとんど閉ざされていたという。いわば「特別室」であった。

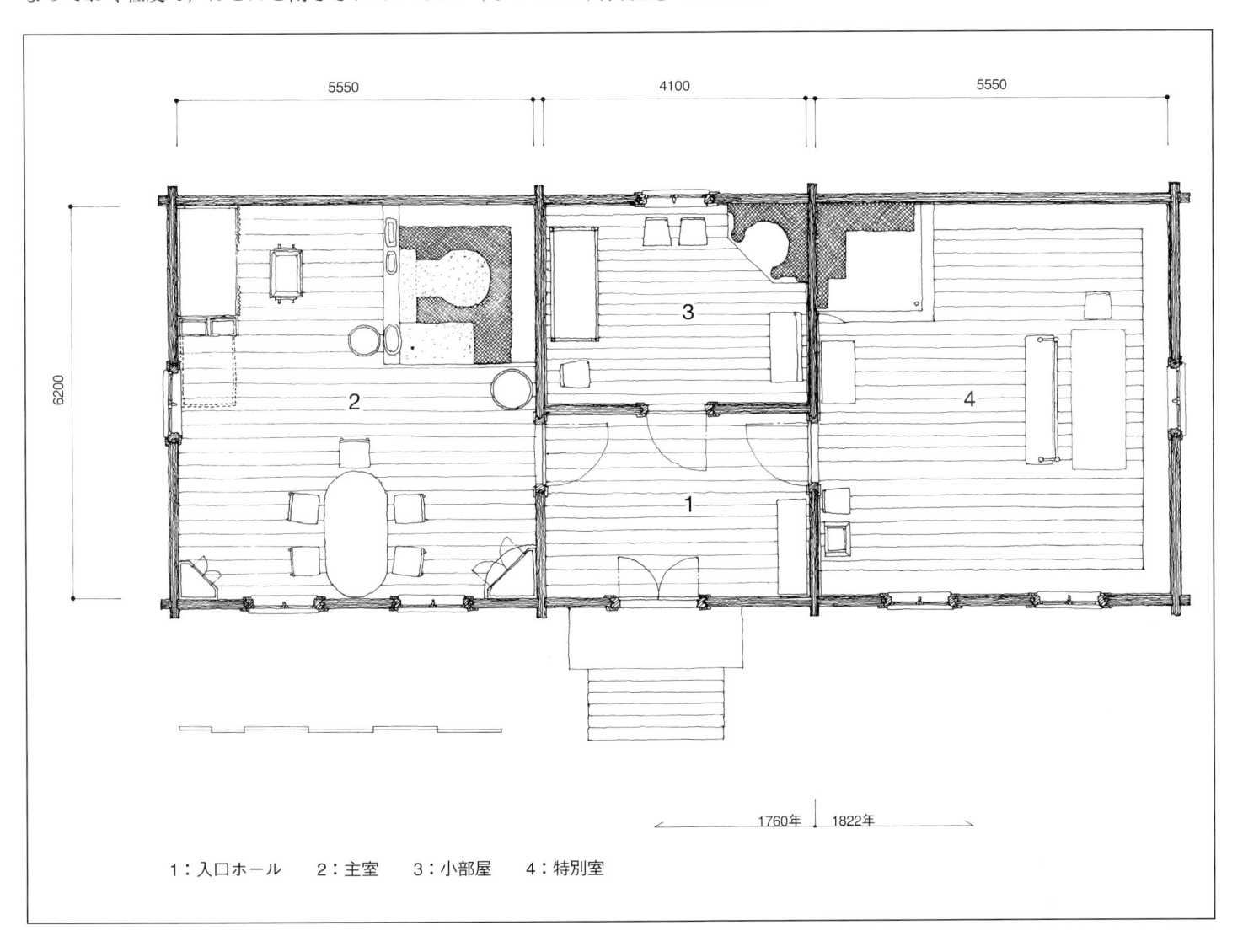

1：入口ホール　2：主室　3：小部屋　4：特別室

2-1：
農園全景。左手煙突のあるのが主屋。妻面が見えるのは老夫婦の住居

2-2：
中庭側から見たそれらの2棟

2-3：
主屋正面。基礎は自然石，屋根は丸太

2-4：
入口ホール、壁には外出の際に必要な物を掛けるフック。奥は特別室
2-5：
主室の炉、炊事と暖房の役割、赤々と燃える火が嬉しい
2-6：
主室奥のベッド、一番下の客用ベッドが少し引き出されている
2-7：
主室入口をはさんだ炉の反対側、カップボード脇の壁にはめいめいのスプーンが差し込まれている
2-8：
特別室正面、壁・天井とも絵で埋め尽くされている。主室とはまったく違う空間
2-9：
特別室の三方の壁際にはベンチが造り付けられ、正面大テーブル前のベンチは背がテーブル側に倒されている
2-10：
特別室入口側、天井まで届くほど背の高い時計は絵や彫り物で飾られている
2-11：
ホール奥の小部屋、壁は石積み風に描かれた布張り

IV 各地の民家 | 67

3. リルヘーダル村のエストモン農園

現所在地：[JAMTLY] Östersund, Jämtland
旧所在地：Östmon Gården, Lillhärdal, Härjedalen, Jämtland
建設年代：1785年

　エステルスンド（Östersund）の町の北寄りに，建物や遺物だけでなく，かつての生活ぶりをも示すことで歴史や文化を伝えようとする博物館「ヤムトリイ」がある。「歴史公園」とも呼ばれるように，博物館建物だけでなく広大な野外博物館であり，特に子どもたちに，体験を通して歴史・文化を伝えようとしている。

　このリルヘーダルの農園は，南北に長い野外博物館の南西に位置している。Härjedalen地区のリルヘーダル村の村長が家族とともに生活し，エストモン農園と呼ばれていたものを，移築・保存したもので，かつてそこは，その村で一番美しい農園で，周辺には大麦がよく育っていたという。家族は村長夫妻と4人の子どもで，2人ずつの女中と農奴が働いていたと伝えられている。

　独立した住居棟，納屋，家畜小屋などが，壁の角を突きつけるようにして，きわめて閉じた中庭を構成するように建てられている。その中庭へは，相対する二箇所の，ロフトのある門屋から入る。主屋は長さ18mを越す大きな建物。入口ホール前に切妻屋根が張り出し，ベンチが造り付けられている。右手に珍しくもう一つの出入口がある。

　ホール左側が主室。入って右手に炉，その奥にベッドが造り付けられている。食事の場であり，くつろぎの場である大テーブルとベンチは，ここでは炉の対角線上のコーナーとなっている。この部屋が，家族，使用人が日常生活の大半を過ごす場であり，生活に必要な道具が所狭しと置かれている。壁はしっくい塗りで，天井板も白く塗られている。

　ホール右側には主室より大きな広間がある。そこにあるのは，暖炉と大テーブルが2台とベンチ，そしてキャビネット，他にはなく広々としている。天井は，中央部に正方形を組み合わせた装飾のある吹き寄せで，四周には絵が描かれ，回り縁にも装飾が施されている。壁は腰から上だけが白く塗られている。ときに多くの人が集まっただろうことが想像される。

　広間の奥にもう一つ部屋がある。後に増築されたものであろう。主室よりも狭いが，四周の壁・天井が絵で豪華に埋め尽くされている。やはり「特別室」であり，いかにも祝い事に使われただろうことが想像される。この部屋には，直接外部から出入りできるドアが設けられている。

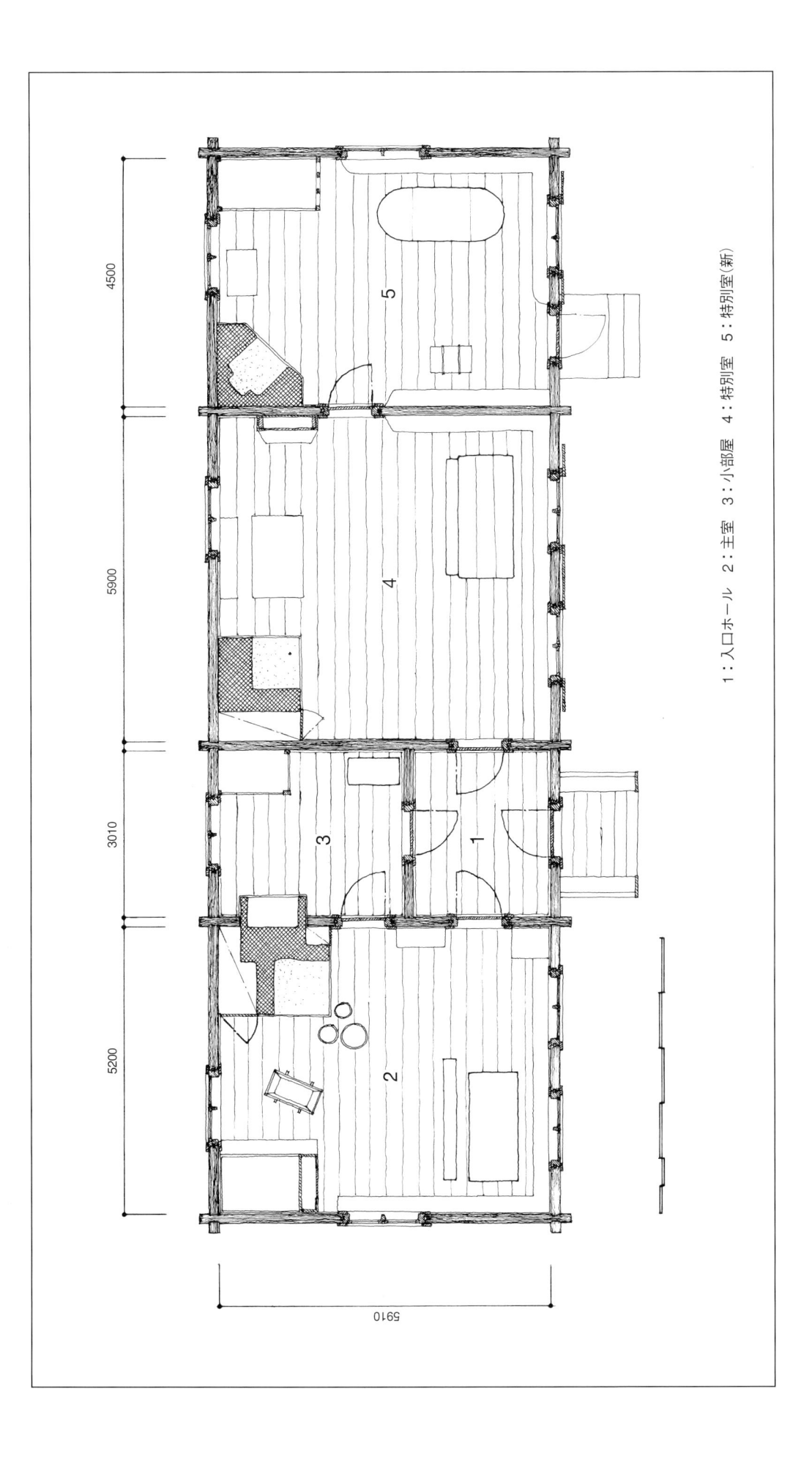

1：入口ホール　2：主室　3：小部屋　4：特別室　5：特別室（新）

IV　各地の民家

3-1：
農園へのアプローチ
3-2：
閉じた中庭への入口，ロフト下を入る。奥にもう一つの入口が見える
3-3：
軒下から中庭を通して取り囲む建物群を見る
3-4：
主屋正面，左手切妻屋根の張り出したポーチ奥が入口
3-5：
主屋主室内部，ベッド・揺りかご・桶などの炊事道具等々，物があふれんばかり
3-6：
ホール脇の特別室，主室と比較し物が少なくさっぱりしている
3-7：
特別室の吹き寄せ天井，この造りはきわめて珍しい

3-8：
奥の特別室正面，壁材を白く塗り，直接絵を描いている。テーブル上には開かれた聖書
3-9：
奥の特別室，右手奥は造付けのベッド
3-10：
奥の特別室入口側，全面が絵で埋め尽くされている。奥に見えるのは外部へのドア

IV　各地の民家　|　71

4. 裁判所兼住居（Tingshuset）

現所在地：[JAMTLY] Östersund, Jämtland
旧所在地：Jämtland
建設年代：1824年

　前項と同じヤムトリイ博物館に移築・保存されている。珍しく裁判所を兼ねた住居。あるいは郡役所と呼んだほうがよいかもしれない。

　入口ホール右側が裁判に使われた部屋で，壁・天井ともに白く塗られ，天井板には絵が描かれている。正面中央の窓を背に椅子が置かれ，その前にテーブルが置かれている。そのテーブルの前，上の天井の神の絵の下に立つのが裁かれる者だった。

　ホール左側の主室入口のドア回りを見ると，ホール入口同様，ドア枠が付いていない。壁丸太のそれぞれの木口に斧を入れ，その溝に縦に角材を差し込んであるだけである。本来この上にドア枠がかぶせられるべきであり，ドア枠回りの詳細がよくわかる。

　裁判に使われた部屋の入口を見ると，ドア回りにはしっかりと太い枠が取り付けられている。さらに，住居部分の妻側には，もう一つ外部への出入口が設けられている。この出入口はまったく私的なものであるのに対し，正面（平側）の出入口は，公的な意味合いをより強く担わされているのがわかる。

　これらのことから，この建物は住居部分より裁判所部分がより重要であったことがわかる。

4-1：
正面入口右側が裁判所

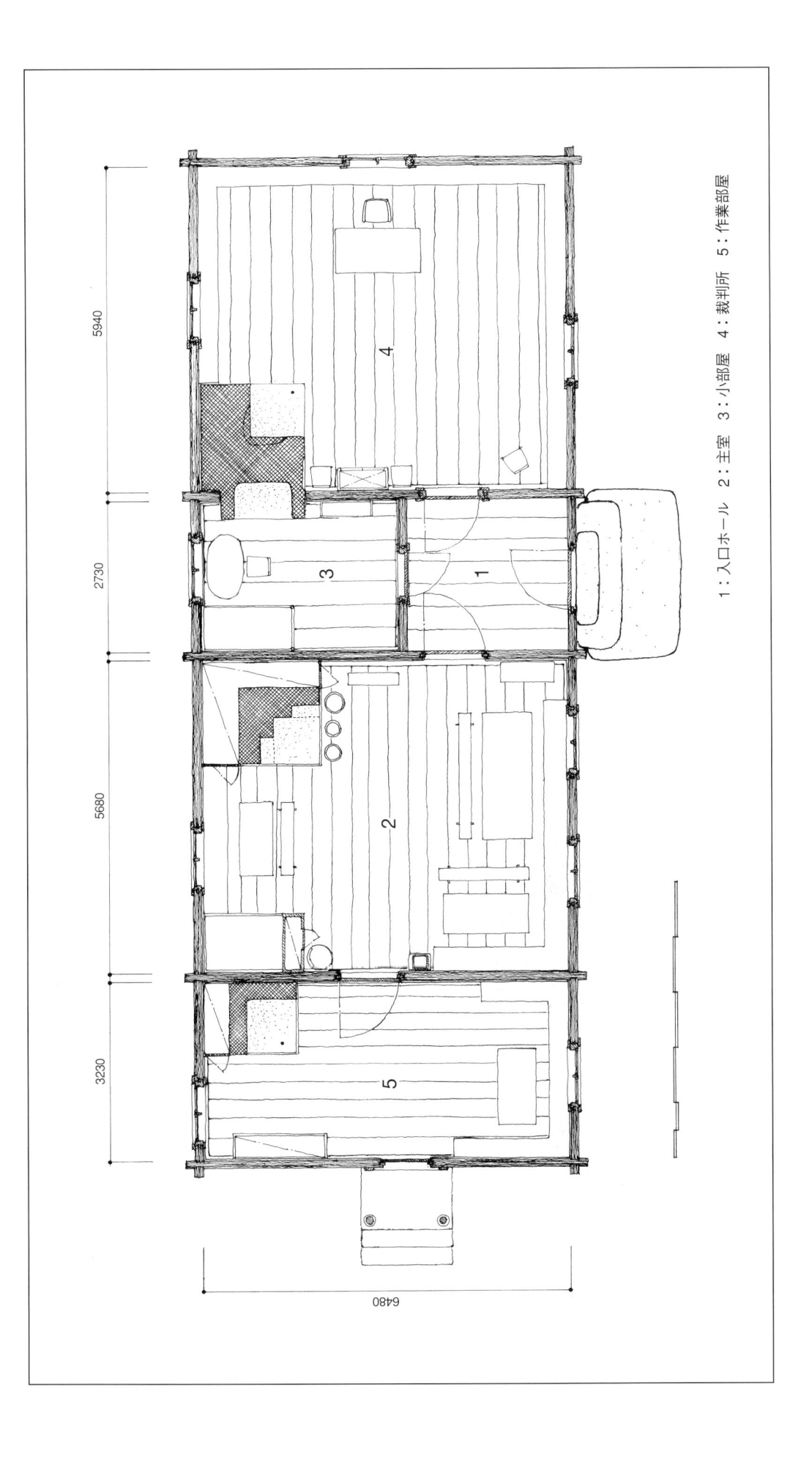

1：入口ホール　2：主室　3：小部屋　4：裁判所　5：作業部屋

IV　各地の民家

4-2：
裏側，珍しく妻側に出入口が設けられている
4-3：
裁判所入口側，家具配置は特別室とほとんど変わらない
4-4：
裁判所内部正面，大テーブル手前に裁かれる者が立つ
4-5：
天井に描かれたキリスト像
4-6：
ホールから主室を見る，ドア回りに枠がない

4-7：
主室入口から奥を見る，奥にさらに部屋があるのがわかる
4-8：
主室の炉，両脇の板戸の中は薪を入れる物置
4-9：
主室入口側，壁はしっくい塗り，妻壁から妻壁へ2本の丸太が架かっている
4-10：
主室奥の作業部屋，壁はしっくい塗り
4-11：
ホール奥の小部屋，右手は隣と一体になった炉

IV　各地の民家　｜　75

5. フィンランド移民の農園

現所在地：Glissjøberg, Remmet, Härjedalen
旧所在地：Glissjøberg, Härjedale
建設年代：17C

　16～17世紀，スウェーデン王の政策で，森林伐採のためにフィンランド移民を受け入れた。その移民の親の代が，まずこの住居の中央部をこの地に構え，両側に子の代，孫の代と増築を重ねてできた建物で，現地保存されている農園である。

　主屋，家畜小屋，納屋などそれぞれ別棟で，ゆるやかに広場を構成するように，ロの字に配置されている。主屋の入口側が南面している。主屋入口の左右には，切妻屋根の地下食料庫の入口が張り出し，扉を押し開けると直ぐ地下への階段が現れる。

　入口ホール右側の初期の主室は，棟の丸太から両側の壁に下る勾配天井で，その天井下の中空に，手前から奥，つまり妻壁から妻壁へと2本の丸太が渡されている。その丸太の内側には等間隔の切り込み跡があり埋木されている。かつて天井の姿は違ったのかとも考えられるが，定かではない。

　部屋入口左の角に炊事，暖房を兼ねた炉が設けられ，その奥に大テーブルとベンチ，さらに奥の隅にはベッドが造り付けられている。反対側の壁の2つの窓の間辺りには，座の下が物入れとなったベンチが置かれている。これらの家具の配置が，当初のとおりなのかには疑問が残る。奥に部屋を増築したために，2つの窓側に通路ができたからだ。

　その奥の部屋には，暖を採るのが主の炉があり，反対側の壁一面にはベッドが二連造り付けられている。織機も置かれているが，壁や天井板には絵が描かれている。

　入口ホール左側は「特別室」である。壁・天井ともに絵で埋め尽くされている。三方の壁際には幅35cmほどのベンチが造り付けられ，奥中央の窓の前に大テーブル，その手前には幅27cm，長さ223cmのベンチが置かれている。このベンチには背もたれがない。

　ここでは，事情を話し，実測したい旨を告げると，管理のおばさんが，1時間はあなた専用だと言って，入口に鍵をかけ誰も入れないように配慮してくれた。

5-1：
農園へのアプローチ，境界を示す鳥居のような門をくぐる
5-2：
農園建物外観，3本の煙突が立っているのが主屋

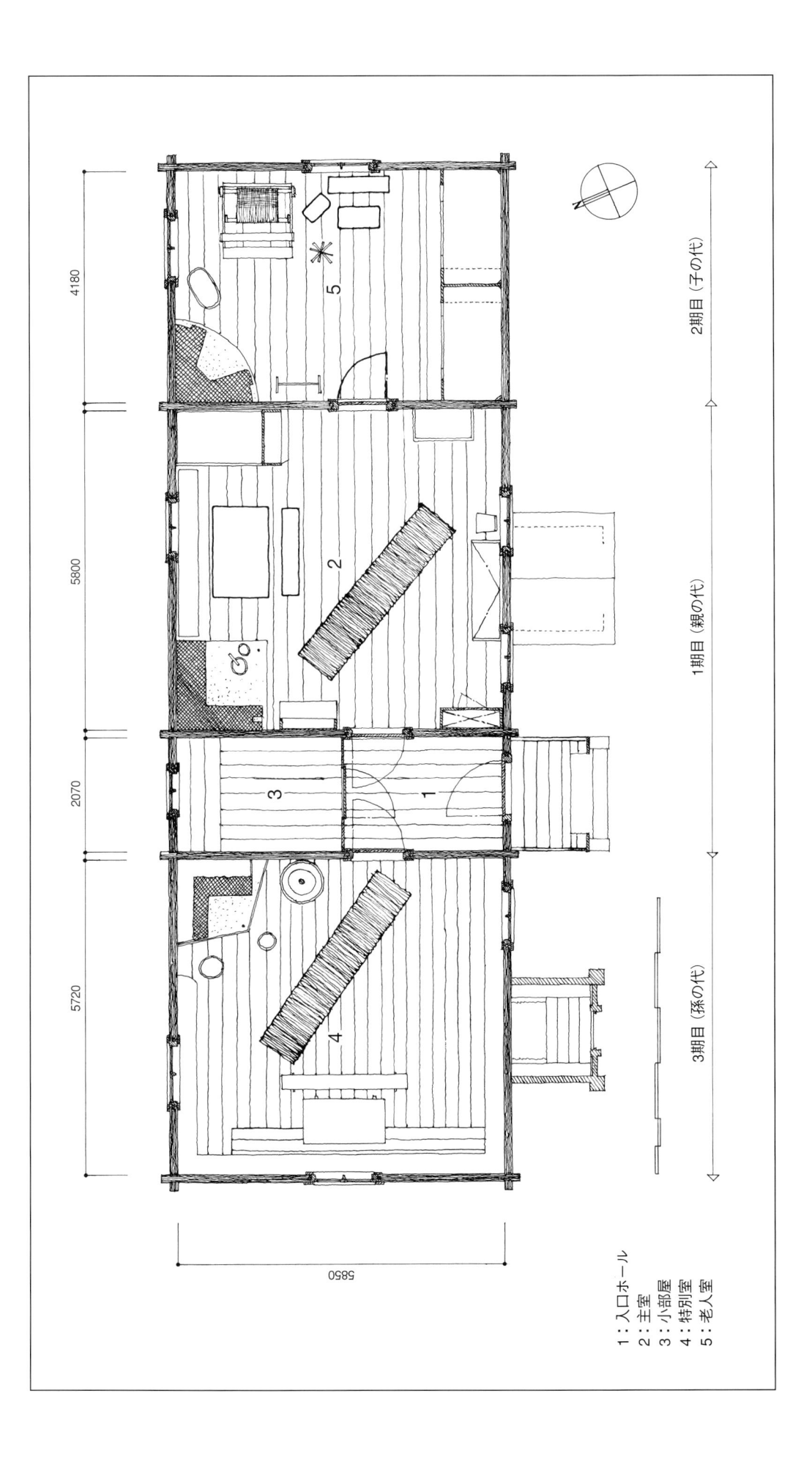

1：入口ホール
2：主室
3：小部屋
4：特別室
5：老人室

1期目（親の代）
2期目（子の代）
3期目（孫の代）

IV 各地の民家 | 77

5-3：
中庭への入口，ロフトの下を入る
5-4：
主屋正面，中央ポーチの左右に出ているのが地下食料庫への入口

5-5：
主室内部，入口ホールを経て特別室が見える
5-6：
特別室内部，部屋全体が直接描かれた絵で飾られている
5-7：
老人室の壁・天井ともに描かれた絵
5-8：
主室奥の老人室に造り付けられたベッド

Ⅳ　各地の民家

6. ノルベリ村の家

現所在地：[DELSBO Forngård] Delsbo, Hälsingland
旧所在地：Svensås, Norrberg, Hälsingland
建設年代：17C

　デルスボの村から北へ，Bjuråkerに向かってしばらく走るとその道沿いに，近辺の民家を移築した野外博物館がある。
　10数棟の建物の中で，主となる3軒の住居棟が，コの字形に配置されている。3棟はそれぞれ別な場所にあったものだが，コの字の開いたほうから見て右側の一棟がこの家で，NorrbergのSvensåsから移築されている。
　入口には切妻屋根のポーチが張り出し，その破風板や，ベンチの後ろの波形の格子板の扱いなど，装飾的で，ある種豊かさが感じられる。屋根は，細い丸太が棟で互いに絡められ敷き詰められている。
　平面プランは，入口ホールと奥の小部屋，それをはさんで両側に主室と特別室の広間が一つずつ。典型的な2広間型プランの住居である。
　ホール左側の主室の家具配置を見ると，入口右手の炉の奥にベンチが造り付けられ，炉の対角線上の角にベッドが設けられている。この国の民家の主屋・主室における炉と他の家具の位置関係はさまざまだが，この配置は珍しい。
　この家の特筆すべき特徴は，特別室だけでなく，入口ホールをはじめ，すべての部屋の壁・天井に絵が描かれていることで，これはきわめて珍しい。ホールの壁・天井は白く塗られ，正面の壁には馬上の人物が2体，腰壁は布が吊ってあるように描かれ，天井下にも帯状に模様が描かれている。ホール左側の主室には，船底の天井にも三方の壁にも，花や紋章がパターン化され描かれている。特別室は，なお一層見事に絵で埋め尽くされている。まさに特別な部屋であり，非日常の雰囲気が漂う。
　特別室には，入口側を除く三方の壁際にベンチが造り付けられ，馬上の人物やさまざまな人物像が描かれた正面壁の手前には大テーブルが置かれ，さらにその手前には特徴的なベンチが置かれている。そのベンチの背は，座の左右両端に立てられた軸から出た腕に取り付けられ，その軸と腕の部分で回転し，前後に位置が変化する仕掛けになっている。ベンチ自体を動かさなくても，背板を回転させることで，テーブルに向かって座ったり，背にして座ったりすることを可能にしている。これは，皆が部屋の中央に向かって座る必要があることを示しており，この部屋の主目的であるクリスマスや結婚式などの祝い事の際に，それが必要だった。
　主室の炉は，その後に手が加えられたものだが，他では見られない造りとなっている。炉は角の壁から離れ，その間に鉄製のコンロが設置され，独立した調理室が作られている。部屋内に向いた炉は，調理とともに炎を見せる暖炉の意味合いが強められている。炉の脇は，薪を置く収納場所となっている。
　ホール奥の小部屋は，ベッドや織機が置かれた仕事部屋で，床下収納が設けられている。

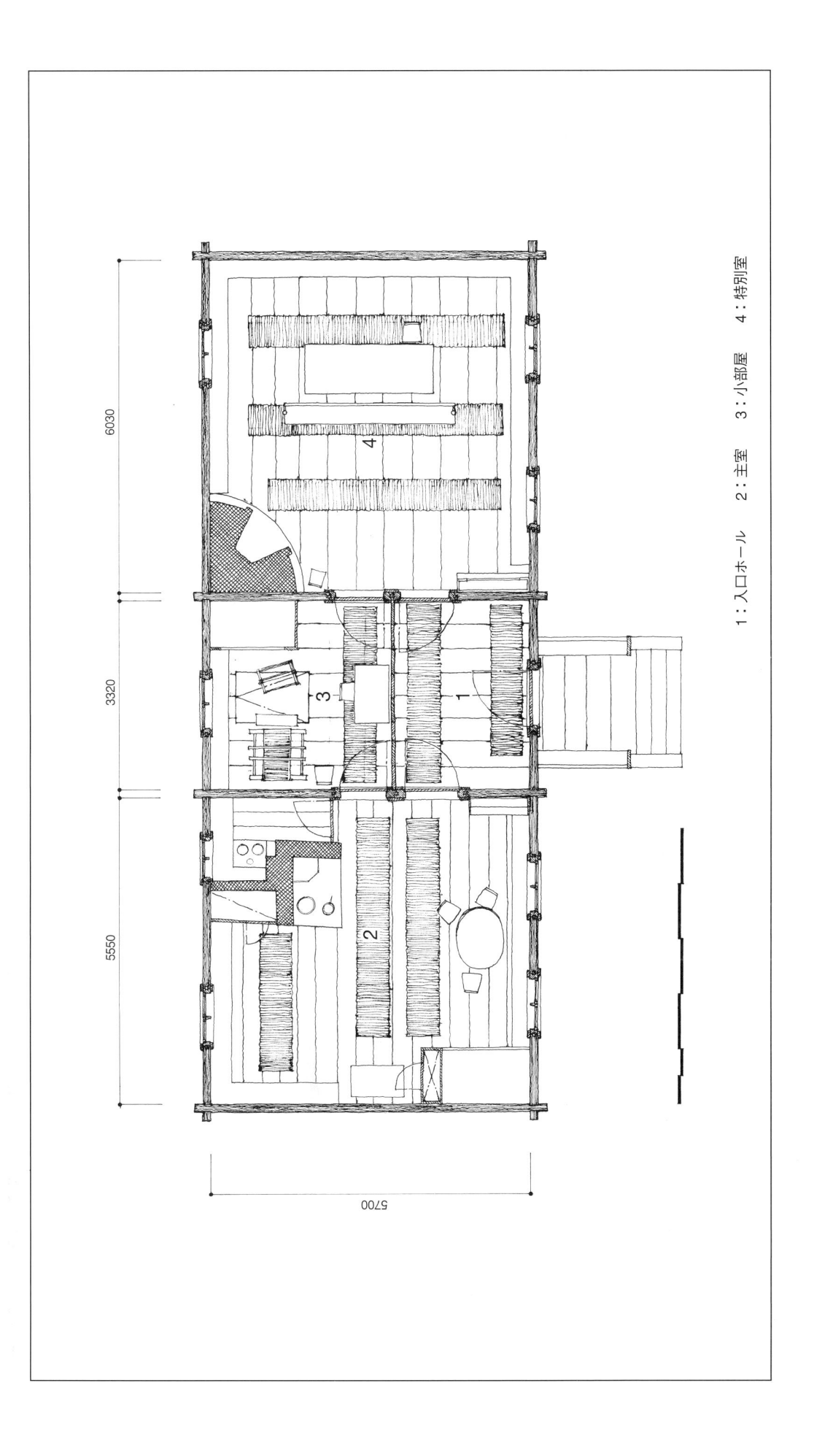

1：入口ホール　2：主室　3：小部屋　4：特別室

IV　各地の民家

6-1：
奥の建物はティェルンミラの農家，手前がノルベリ村の家，陰にペニルサスの家がある
6-2：
正面外観
6-3：
ポーチ，特徴的な破風のデザイン
6-4：
ホールからポーチを見る，一段高い敷居
6-5：
入口ホール，ここから壁・天井に絵が描かれている

6-6：
主室，炉を通して奥の壁
6-7：
この国特有の箱型ベッド，角は物入れ
6-8：
主室正面，この部屋も絵で彩られている

IV 各地の民家

6-9：
主室入口側
6-10：
炉奥の物入れ扉，炉脇の壁とL字形ベンチ
6-11：
ホール奥の小部屋から特別室を見る。織機が置かれたこの部屋も白く塗られ，絵が描かれている

6-12：
特別室正面、壁・天井とも絵で埋め尽くされ、大テーブル前には背をテーブル側にしたベンチが置かれている。床には布を裂いた織物が敷かれている
6-13：
大テーブル越しに見た横の壁・天井
6-14：
特別室入口側、幅広くしっかりした造りのドア枠回り、高い敷居
6-15：
特別室天井中央の天使の絵
6-16：
背もたれが回転するベンチの詳細

IV 各地の民家 | 85

7. ペニルサス農園

現所在地：[DELSBO Forngård] Delsbo，Hälsingland
旧所在地：Sunnansjö，Hälsingland
建設年代：18C

　前述のノルベリ村の家と同じ野外博物館に移築され，コの字の中央に配置されている。2広間型平面の両側に，さらに一部屋ずつ付加された珍しい平面プランとなっている。

　右側の特別室の奥の部屋は物置だが，入口は外部からで，特別室の側にはない。特別室の奥に出入口を設け，通り抜けの部屋とすることは，まず一般的にはない。

　入口奥の小部屋や主室脇の老人室の壁や天井には，布が貼られたり，白く塗装されたりしているが，絵が描かれているのは特別室だけになっている。特別室に描かれた絵のモチーフは，前述の家のものときわめて似通っている。

　その部屋の炉や家具の在り方も同様で，背板の回転するベンチも置かれている。主室の，炉とベッド，ベンチなどの位置関係も本来の在り方に近く，カーテンなども整えられ，明るく美しい。この部屋の大テーブルの前にも，背板の回転するベンチが置かれている。背板がテーブルの側にあるときは，客に対するウエルカムの意味だという。

　奥の部屋には，揺り椅子やオルガンも置かれている。全体に，この家の家族のかつての生活の豊かさが感じられる。

7-1：
正面外観
7-2：
入口ポーチ
7-3：
裏面外観，裏面のみ竪羽目で覆われている
7-4：
ポーチ手前の踏み石，王冠とともに1839の数字が彫られている
7-5：
左妻壁は本来の角材を積み重ねたまま，右は木口とも竪羽目で覆った境い目
7-6：
入口ホール，階段が顔を出し，奥の特別室が見える

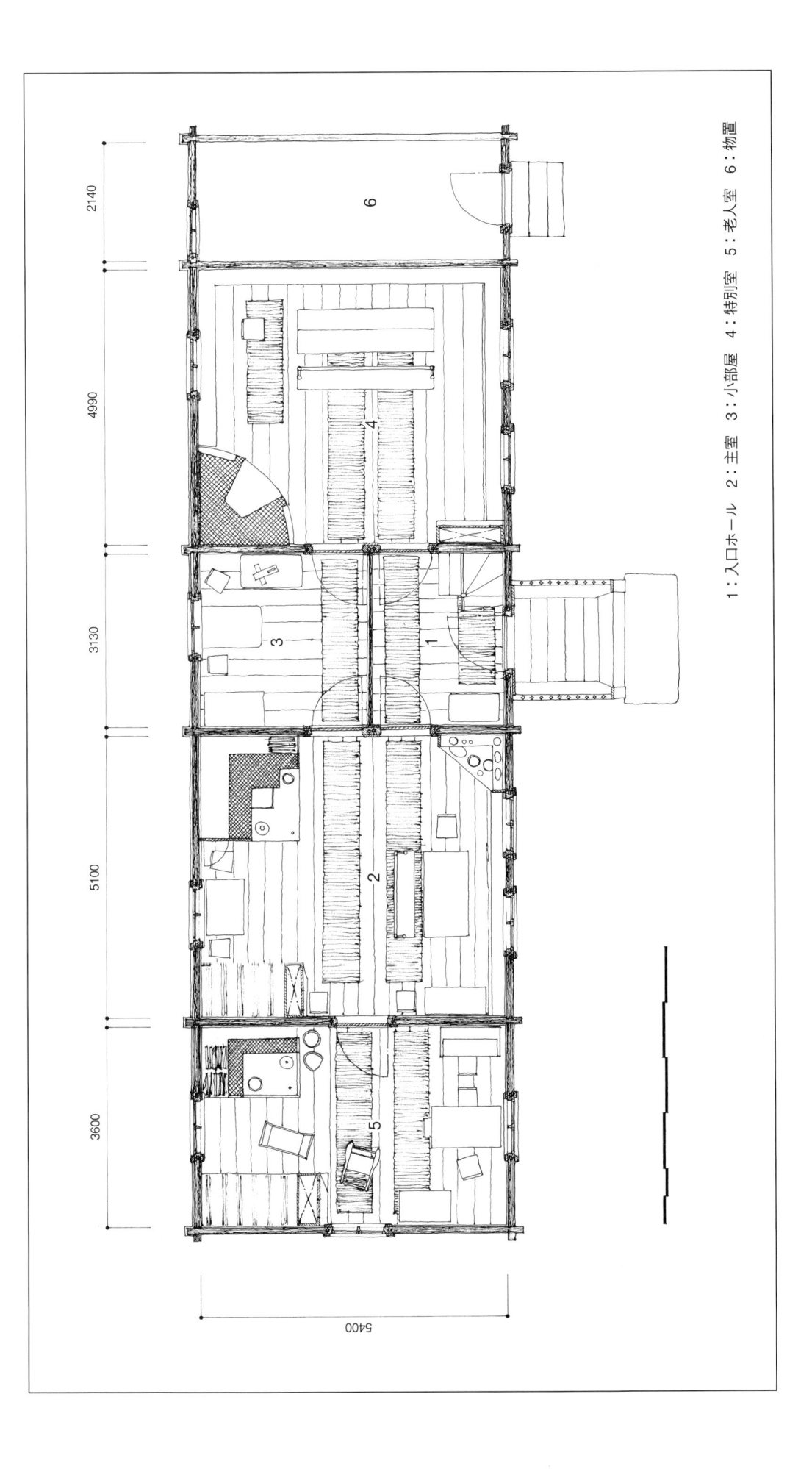

1：入口ホール　2：主室　3：小部屋　4：特別室　5：老人室　6：物置

IV　各地の民家

7-7：
特別室正面、前のペニルサスの特別室の絵と似ているが、馬上の人物やその上を比べると違いがわかる。ベンチの背もたれはテーブル側

7-8：
特別室正面右側の窓と狭いベンチ

7-9：
大テーブルに向かって座るように変えたベンチの背

7-10：
特別室入口側、正面は貴重な食器を収めるカップボード

7-11：
ホール奥の小部屋、窓際のテーブルは足を折り畳んで壁に納めることができる

7-12：
主室正面，特別室とはまったく違う雰囲気，奥に老人室が見える
7-13：
主室入口側，木部はすべて素木のまま
7-14：
主室テーブル前のベンチ
7-15：
主室奥のベッド
7-16：
主室奥の老人室，壁は布張り
7-17：
老人室のベッド，手前に揺り椅子も置かれている
7-18：
老人室の角にはオルガンも置かれ，かつての生活の豊かさが感じられる

8. エストノル村の家

現所在地：［ZORNS Gammelgård］Mora, Dalarna
旧所在地：Östnor, Dalarna
建設年代：1684年

　ダーラナ地方の中心的な町ムーラに，スウェーデンの国民的な画家ソーンによって設立された野外博物館がある。住居棟や納屋，家畜小屋などは，それぞれ違った場所から移されたものだが，かつてのこの地方の伝統的な農園の姿を示すよう考慮し，広場を囲むように配置されている。広場の一角には古い井戸も設けられ，かつての農園の姿をよりよく伝えている。

　広場を抜けて奥へ行くと，シリアン湖のほとりに，17mもの長いボート小屋も移築保存されている。その中には，かつて教会へ行くために，湖を渡るのに使われた大型ボートが格納されている。

　ソーンが1914年に，この場所に初めて移築したのがこの建物であった。入口前のポーチには，内部壁材の延長によって支持された切妻屋根が架かっている。屋根は，防水材として白樺の樹皮が葺かれ，その上に丸太が敷き詰められている。外部から，窓の下を見ると，窓枠両脇に溝の付いた板が取り付けられて下へ延び，その間には板戸がはめられている。上げ下げする雨戸である。この方法は，ダーラナ地方の他の民家でも目にする。窓ガラスは，一枚板ではなく，不均一な暗緑色の小さなガラス片を鉛でつなげた古いタイプで，よく保存されている。

　入口ホール奥の小部屋は，この地方ではKubanと呼ばれ，高齢者や病人，出産直後の母親と新生児など，安静に過ごす必要のある者のために使われていた。あるいは，そのような者でなくても，一人静かに過ごしたい時には，この部屋を使っていたようだ。

　主室に入ると，幅80cmほどの窓が，三方の壁に一つずつしかなく，薄暗い。右手に炉，左手にカップボードがあり，木製食器が並んでいる。食器などは，農場内での彼らの手作りだった。部屋奥の両角にはベッドが造り付けられ，その間にベンチと大テーブルが置かれている。

　この部屋で特筆すべきは，2本の梁と1本のバーの存在である（平面図点線部）。一本目は，入口から60cmほど入った頭上に，両側の壁から壁へ架け渡されている。構造材にしては，あまりにも入口側の壁に近すぎる。二本目は，炉の奥の角上に同様に設けられている。これも構造材としては位置が悪い。さらに奥，大テーブルの上あたりには，彫り物を施された板状のバーが，天井から吊り下げられている。これは，いかにも何かの象徴に感じられる。

　このバーはともかく，2本の梁の役割が不可解で首をひねる。学芸員の女性に聞くと，入口から一本目のバーまでは，「他人が入れるのはここまでです」ということを伝え，二本目までは，「友人ならここまで来てもよい」ということを示しているという。つまり，ここにはそれぞれの領域が設定され，これらの梁はその境界を示していることになる。2本の梁は，それぞれに「仕切り」の役割を担わされている。

　フィンランドの民家には，部屋の4つのコーナーごとに機能的な場が設定され，その境界に

棚板が設けられていたのを思い出す（拙著『フィンランドの木造民家』参照）。

しかし、ここでの領域のあり方は、コーナーではなく、入口壁に平行に、入口から奥へ奥へと設定されている。それは、奥の壁面両角にベッドが造り付けられ、それらの中央に大テーブルが置かれていることからも理解される。二つのコーナーは同等の意味をもっている。それらに挟まれた大テーブルの辺りは、家族にとって大切な場であったろう。その大テーブル上にバーが下げられている。

これはKronstang、つまり「クラウンバー」と呼ばれている。両端には竜の頭が彫られている。ヴァイキング時代の魔除けである。このクラウンバーが、大切な家族の場の守り神として扱われているのを感じる。

調査を続けると、他に何例もこのバーを見ることができた。このバーは、もとからこの家に在ったものではなく、1931年に野外博物館として開館した際にノルディスカ博物館から寄贈されたものではあったが、この位置にクラウンバーを下げる習慣があったことは確かだ。

ここでの領域設定の意図は、機能的な意味合いではなく、奥の領域を守ろうとするものであるのが、より強く理解されてくる。

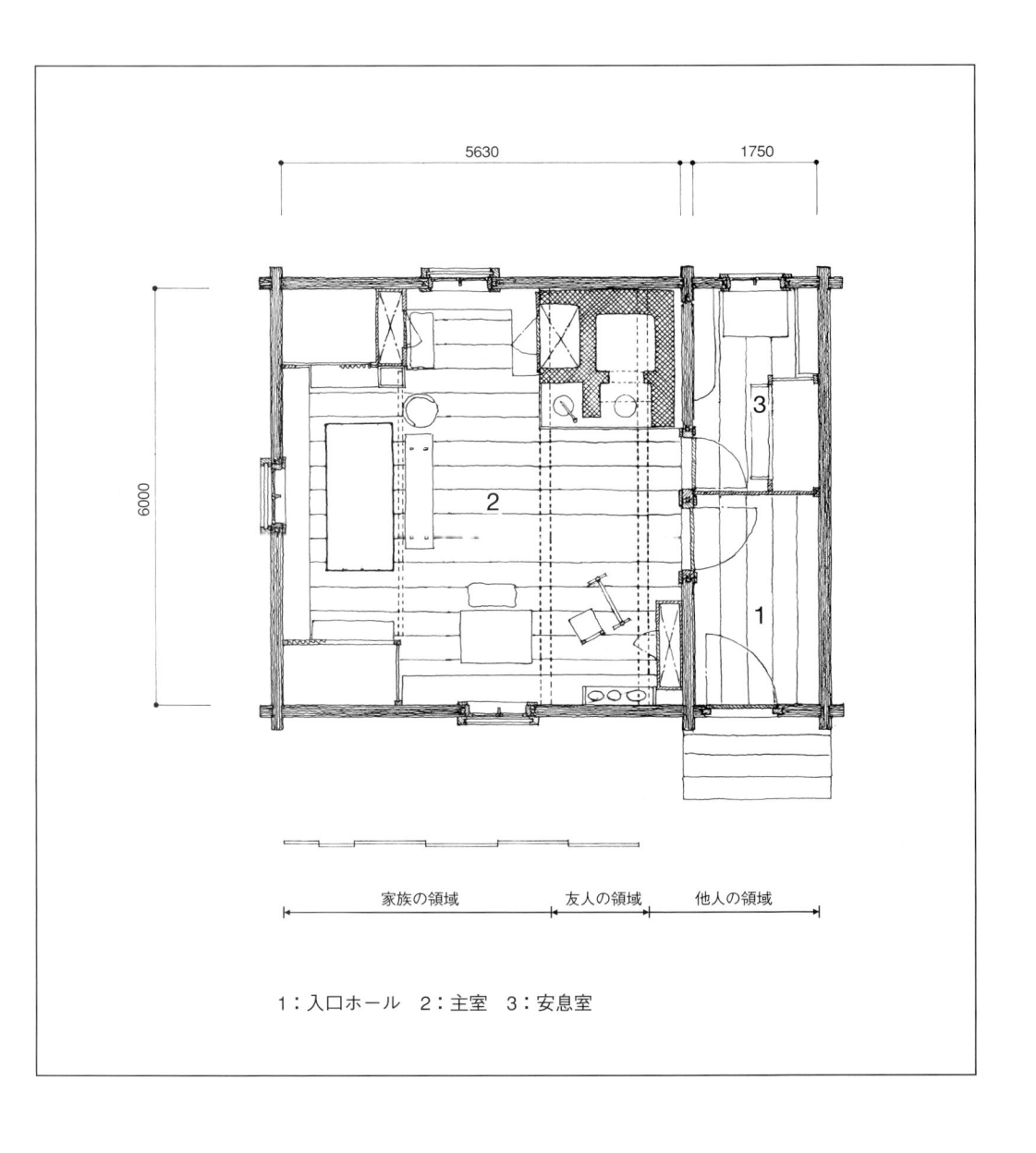

1：入口ホール　2：主室　3：安息室

8-1：
広場の一角，煙突のあるのがウストノル村から移築された家。ポーチの軒が深く張り出している。右は広場へのもう一つの出入口，先へ行くと湖畔にボート小屋がある

8-2：
窓下にあるのは上に引き上げる板戸

8-3：
角材2段分の敷居をまたいで入る

8-4：
入口ホール，右手壁のフックには外出の際に必要な物を掛けておく

8-5：
ホール奥の小部屋・安息室（Kuban），何の飾りもない

8-6：
主室，炉の角に境界を示す2本目の梁が見える

IV 各地の民家

8-7：
主室正面，中央に大テーブル，左右にベッド，テーブル上にクラウンバー
8-8：
クラウンバーの先端部
8-9：
大テーブル，クラウンバー，ベッドの位置関係

8-10：
2本の梁の下がそれぞれ2つの領域
8-11：
左上の梁から右が家族の領域
8-12：
窓回り詳細，鉛で止められたガラス片
8-13：
シリアン湖畔のボート小屋
8-14：
ボート小屋の棟飾り，ヴァイキング時代の名残りを感じる
8-15：
小屋の中に吊り下げられた教会へ行くための乗り合いボート

IV 各地の民家

9. 時計職人の作業小屋

現所在地：[ZORNS Gammelgård] Mora, Dalarna
旧所在地：Östnor, Dalarna
建設年代：1764－65年

　このモーラ地方では，18世紀末から19世紀末にかけ，時計製造業が盛んであった。この建物は，その時計職人の住居兼作業場であった。
　前述の「No.8 エストノル村の家」の平面を反転させたような，同一タイプの家だが，炉には料理用のオープンな火床だけで，オーブンは付いていない。ホール奥の小部屋も，Kubanと呼ばれるベッドのある部屋ではなく，物置となっている。奥の窓の前辺りに，足踏みの弾み車の付いた工作台がしつらえられ，作業場となっている。
　当時の時計は，人の背と同じほどの高さがあり，一番上に文字盤が付いている。その時計ケースは木製で，文字盤のまわりは丸く縁取られ，全体に花が描かれたり彩色されている。顧客の注文でさまざまな文様が描かれていた。
　この部屋に置かれたミシンは，この地方の機械製造業者が，ミシンの製造でも評判をとっていたことを示す意味をもっている。

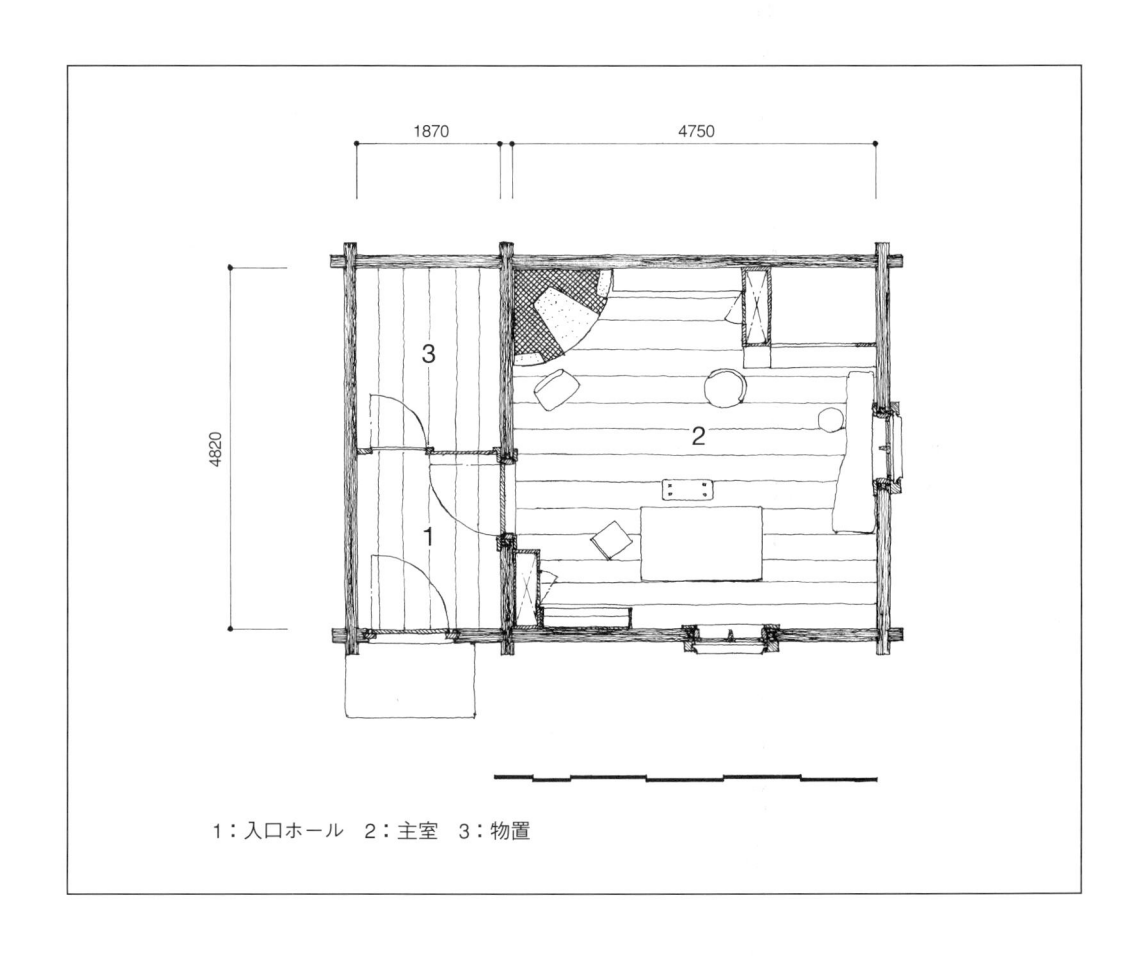

1：入口ホール　2：主室　3：物置

9-1：
エストノルの家の反対側にある時計職人の小屋
9-2：
部屋左奥のベッド，ミシンも見える
9-3：
見事に彩られた時計，丸太をくり抜いた椅子
9-4：
入口右手のさまざまな物
9-5：
入口側，食事用テーブルや壁のカップボード

IV　各地の民家　｜　97

10. オルサ村の家

現所在地：[Orsa Hembygdsgård] Orsa, Dalarna
旧所在地：Orsa, Dalarna
建設年代：19C

「NO.8 エストノル村の家」ときわめてよく似た家である。入口前のポーチには，切妻屋根の軒が架かっている。ここでも，室内の壁丸太の一部が外部へ延び，それによって支えられている。雨戸も入口横は上げ下げ式だが，まわり込んだ主室奥に当たる窓は，両開きとなっている。いずれも外部から操作する。

プランを見ると，入口ホール奥の小部屋は，主室側からは入れず，ホール側入口のみで，いわゆるKuban（安息室）ではない。

主室の家具配置を見ると，入口右手の炉，奥両角のベッド，その間のテーブル等も同様となっている。しかし，エストノル村の家の梁があった位置に，ここでは梁でなく丸棒が天井から吊るされている。クラウンバーは，やや奥まった位置で，彫り物はされていない単なる丸棒になっている。それぞれの扱いは変わっていても，やはり3つの領域の存在とその境界を示している。

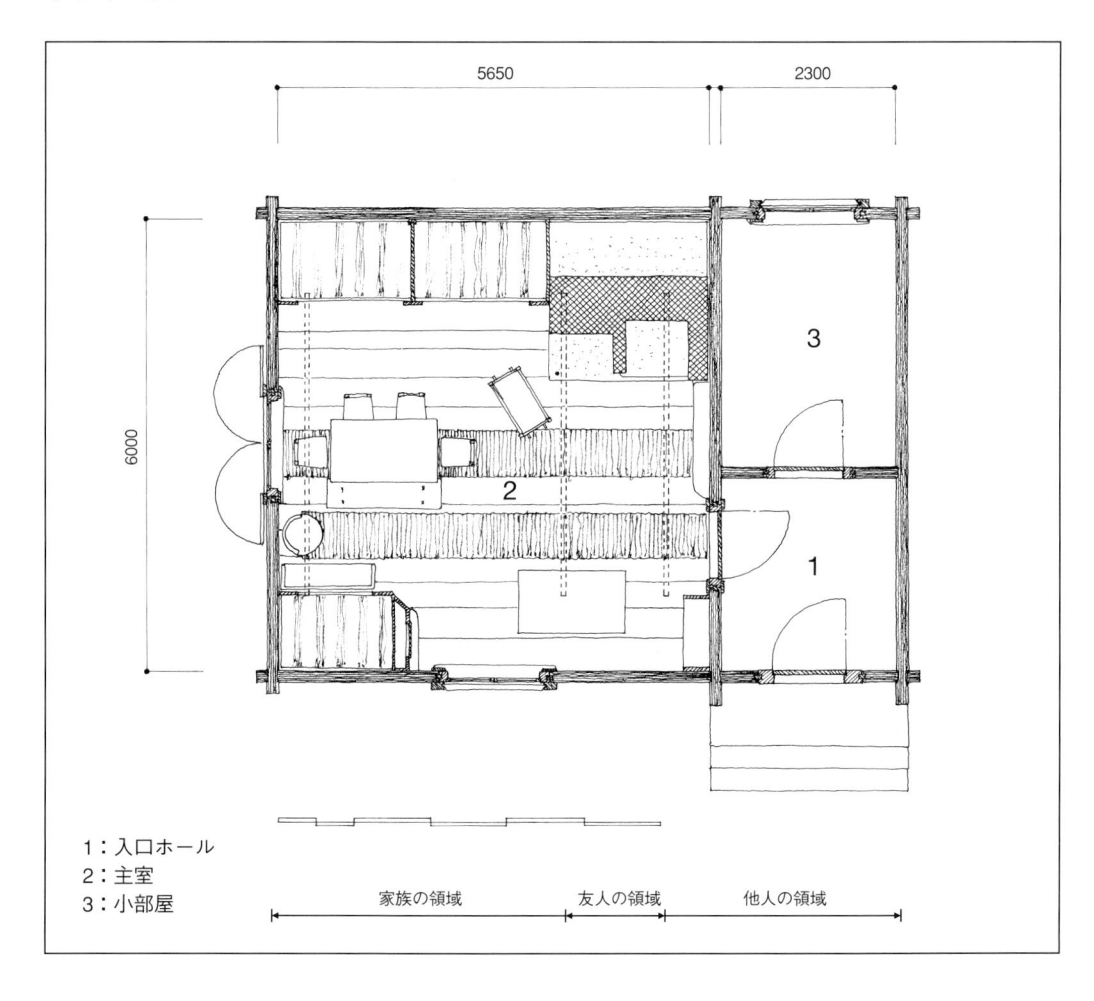

1：入口ホール
2：主室
3：小部屋

10-1：
外観
10-2：
内部壁丸太の延長によって深く張り出したポーチ屋根
10-3：
上げ下げ式の雨戸
10-4：
両開き式の雨戸
10-5：
レンガ積みの煙突も装飾性が加味されしっかりとした造りになっている

Ⅳ 各地の民家 | 99

10-6：
入口側から境界を示す第一・第二のバー

10-7：
主室入口側、さまざまな家具が床を埋めている
10-8：
主室正面、2本目の境界のバーと奥のクラウンバー
10-9：
炉上部と天井、びっしり並んだ丸太が美しい
10-10：
炉奥の二連ベッド、カーテンを閉めると閉じた世界
10-11：
左側のベッド、箱型でより閉じた世界となる、角には時計
10-12：
炉上に置かれた携帯暖房器、中に火を入れ、教会で女性がスカートの中に置き暖を採った

IV　各地の民家 | 101

11. フィンランド移民(モルテンとクリスティーナ)の家

現所在地：[Fågelsjö Gammelgård] Fågelsjö, Dalarna
旧所在地：Fågelsjö, Dalarna
建設年代：17C後半

　森林伐採，開墾のためのフィンランド移民が，このフォゲルショーの地に住みついたのは17世紀末であった。1679年から1943年までの間，何代にもわたり，同じ家族がこの農場を所有していた。その最後の夫妻がモルテンとクリスティーナだったという。

　この住居は，2階建となっているが，そうなったのは1階が建てられてから15年後となっている。外壁は，木材組積構法の壁の上が竪羽目で覆われている。その羽目板は，いわゆるファルンレッドに塗られ，ノッチのはね出し部分を覆った板や窓枠は白く塗られ，鮮やかな対比を見せている。ポーチの柱は灰緑色に塗られ，周辺は装飾性の強いデザインとなっている。

　この家の入口扉は，「ウェディングドア」と呼ばれている。一番上の鏡板には陽光が描かれている。その下の板に書かれた文字は，花婿の名前という。この扉は，この家を建てた最初の家族の長男が，ミッドサマー結婚式をあげた1821年に造られたものであった。

　平面プランは，ホールの両側に広間のある2広間型に近いが，ホールが横に長く，その奥に2つの小部屋がある。向かって右はオフィスであり，この家の男の多くは村の代表者であったため，このような部屋が必要であった。左の部屋は，花嫁の部屋とされ，結婚式の着替えに使われたり，客室としても使われていた。

　ホール右手の広間が主室であり，一年を通して家族全員が使う唯一の部屋である。炉の周辺は台所にあたるが，その壁や棚，そしてテーブルの上には手作りの食器類が並んでいる。奥の壁には銃が掛けられているが，この家では銃や弾も作っていたようだ。奥には立派なベッドも造り付けられている。この家の主夫妻は，このベッドで休んでいた。

　ホール左手の広間は，いわゆる特別室であり，結婚式など特別な日に使われた。ここでは毎年牧師が訪れ，その時には皆がこの部屋に集い，聖書の話を聞き，悩み事の相談をしたりしたようだ。牧師はここで結婚式はもちろん，葬式や新生児の洗礼も執り行っていた。2階の牧師室で寝泊りし，数日をここで過ごしていた。この部屋の壁には，名も知れぬ絵描きによる絵が描かれている。

　2階は，特別室の上が同一面積の広間で，他は，主室の上を薄い壁で仕切った部分も含め，客室，育児室，牧師室，衣装部屋，機織部屋が設けられている。

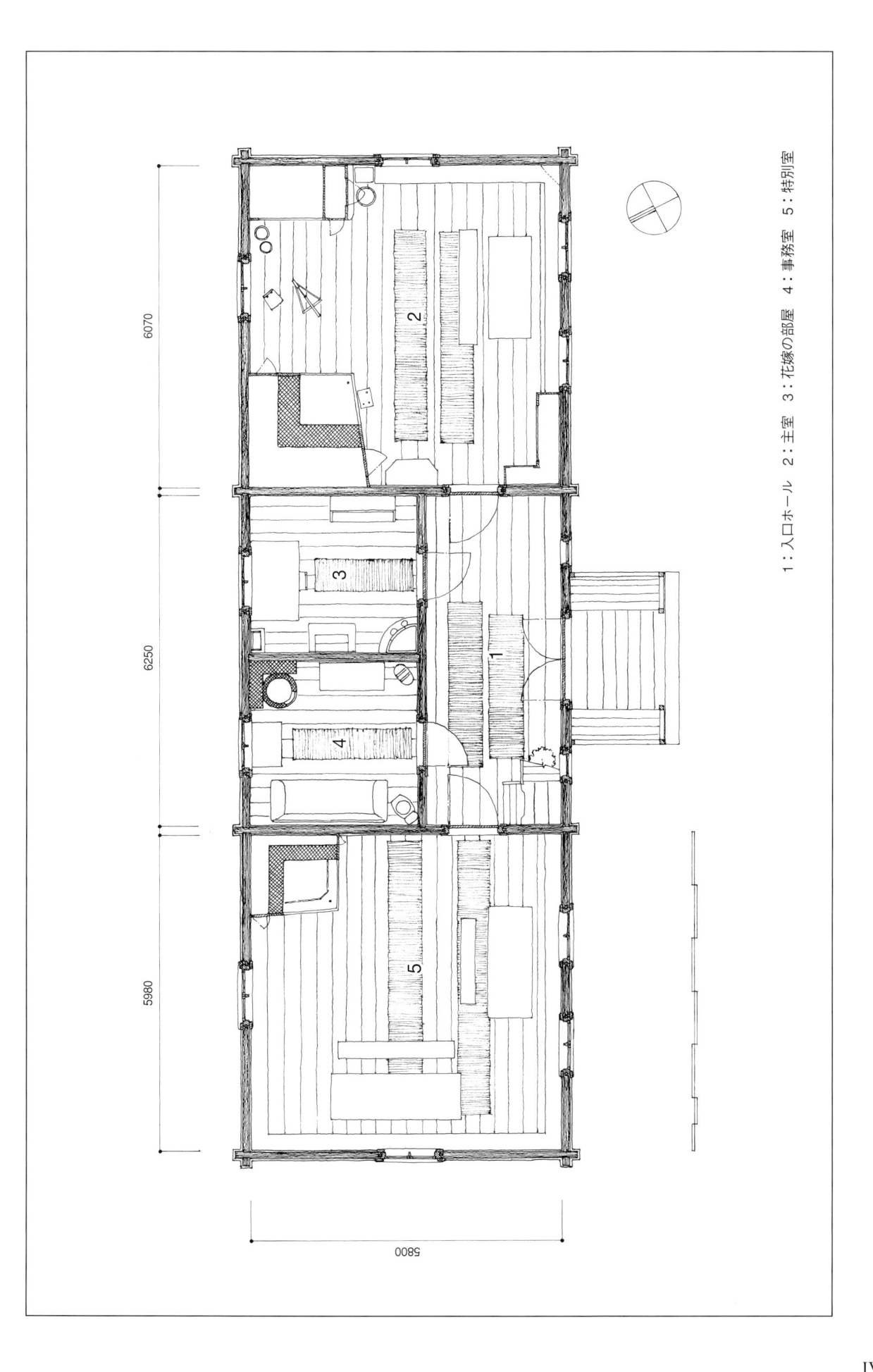

1：入口ホール　2：主室　3：花嫁の部屋　4：事務室　5：特別室

IV　各地の民家

11-1：
奥は馬屋，左手ポーチ屋根の張り出しているのが主屋

11-2：
主屋全景，外壁は竪羽目で覆いファルンレッドに塗られ，ノッチ部、窓回りは白く塗られ，鮮やかな対比を見せている

11-3：
ポーチ正面，破風は白く，柱はグレー，柱頭部の装飾はピンクに塗られている。奥に入口のウェディングドア

11-4：
横に長い入口ホールから特別室側を見る、光の当たった壁の陰が階段
11-5：
事務室、壁は布張り
11-6：
ホール主室側、壁は布張り
11-7：
ホール奥の事務室、壁には先祖の写真
11-8：
花嫁の部屋、布張りの壁に両親と思われる写真
11-9：
事務室隣の花嫁の部屋、暖炉

IV 各地の民家 | 105

11-10：
主室入口側、さまざまな生活道具
11-11：
炉脇のさまざまな炊事道具
11-12：
主室の箱型ベッド、やはり角に時計、手前に物入れ
11-13：
主室正面、壁に大量の鉄砲が掛かっている

11-14：
特別室正面，壁はグレーに塗られ，そこに額縁状に絵が描かれている
11-15：
特別室の炉，主室に比べ周辺には何もない
11-16：
特別室の壁に描かれた絵
11-17：
特別室の壁に描かれた絵
11-18：
2階ホール
11-19：
2階広間
11-20：
2階広間，壁・天井は白く塗られ，額縁状に絵

IV 各地の民家 | 107

12. インテリア村の家

現所在地：［Kullesgården］Borlänge, Dalarna
旧所在地：Inredning, Borlänge, Dalarna
建設年代：18C

　外壁は羽目板で覆われ，屋根には瓦が載せられてしまっている。ここの窓は，一つの窓に建具が3枚になっている。

　平面プランは典型的な2広間型。左が主室，右が特別室，ホール奥が主室から入るいわゆるKubanとなっている。内部の壁は，各部屋ともしっくいが塗られ，木材は見えない。小部屋は紅色だ。

　主室のベッドは二連でしっかりと造られている。手前にはベンチを兼ねた踏み台が造り付けられ，中央上部には時計がはめ込まれている。炉の傍の天井から吊られているのは，幼児用の揺り椅子で，母親が子どもをあやしながら炊事をするために，どこでもこの位置に設けられる。

　この部屋の大テーブルに添えられたベンチは，背板が反転するタイプとなっている。他でも，主室にこのタイプのベンチが置かれているのを見たが，その意味合いを問うと，背板がテーブル側にある時は「ようこそ」と歓迎の意志を示しているという。

　この家の特別室は，絵もなく比較的さっぱりと造られている。

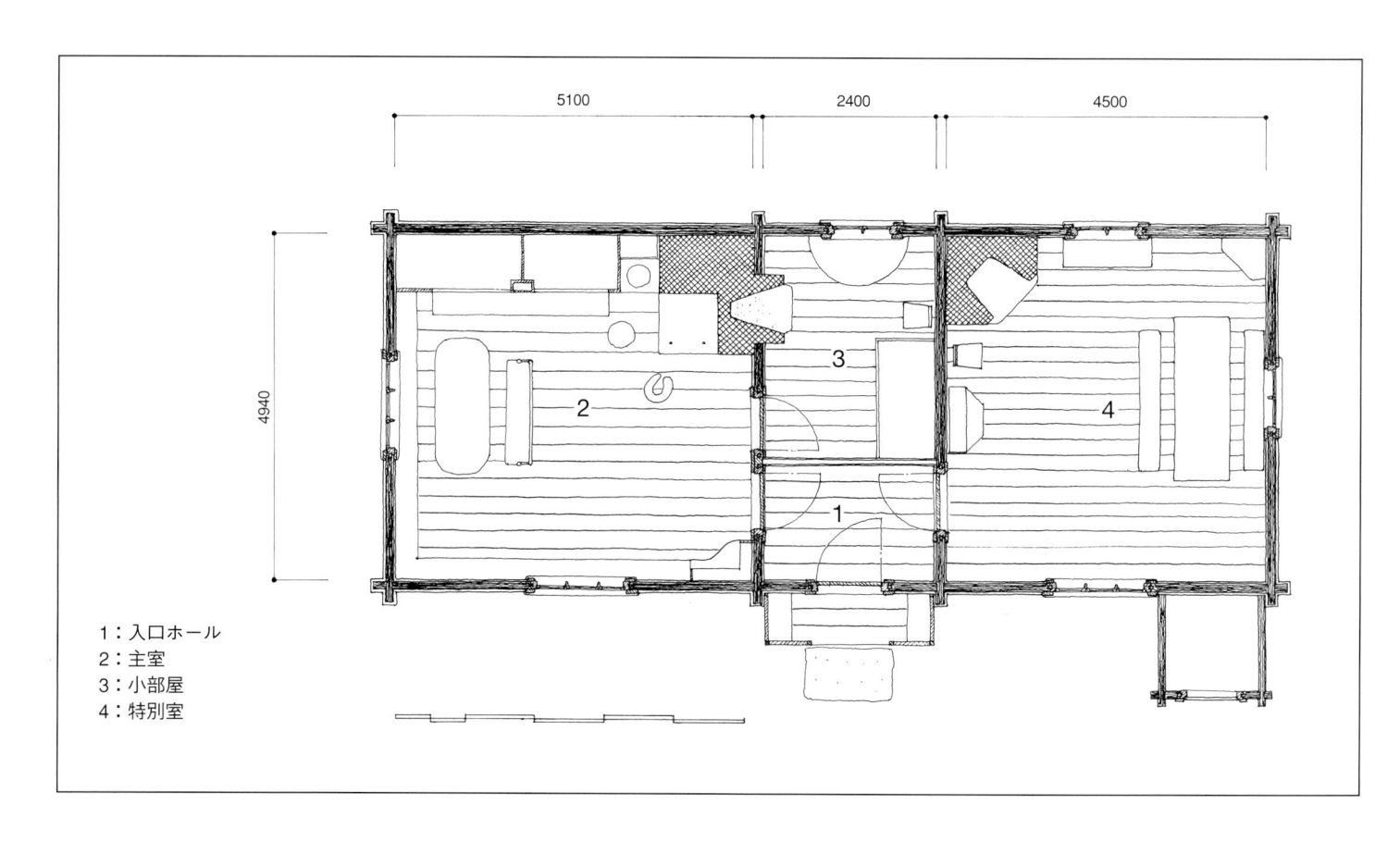

1：入口ホール
2：主室
3：小部屋
4：特別室

12-1：
屋根は瓦葺きとなっている
12-2：
破風や窓回りはファルンレッドで、壁は黒く塗られている
12-3：
主室内部、壁はしっくい、ベンチは背板が反転する。床に幼児用歩行器（右下）
12-4：
主室の炉と箱型二連ベッド、炉手前に幼児用揺り椅子
12-5：
ホール奥の小部屋、壁は紅色
12-6：
特別室、壁はしっくい、絵は描かれていない
12-7：
特別室、カップボードはきわめて装飾的

Ⅳ　各地の民家　｜　109

13. エリクソン家

現所在地：［Köping museet］Köping, Västmanland
旧所在地：Mälardalen, Köping, Västmanland
建設年代：18C

　村はずれの小さな広場に面して建っている。近くにいた人に野帳を見せ事情を説明すると、数人が寄って来て喜んで中に招いてくれた。積み上げられた角材がファルンレッドに塗られ、窓の両開きの板戸は黄色く塗装されている。

　平面プランは2広間型。どの部屋も室内の壁はしっくい塗りとなっている。主室は、炉の占める割合が大きく、その上さまざまな家具であふれている、といった印象を受ける。奥の窓際のテーブルは、小さいけれど半分が折りたたみ式になって、狭い部屋を広く使う工夫が施されている。天井から吊るされた丸棒には干しパンが通され、輪切りにした果物を通した紐が架け渡されている。

　特別室は天井も白く塗装されている。絵は描かれていないが、扉付きの立派なイコンが壁に掛けられている。主室とはまったく違う雰囲気で、特別な空間であることが感じられる。

　収納家具も見事な装飾が施されている。他の特別室に比べると、置かれている家具類がやや多い。特別室は、日常的には家具などの置場でもあったということを考え合わせると、その様子を示しているとも見える。

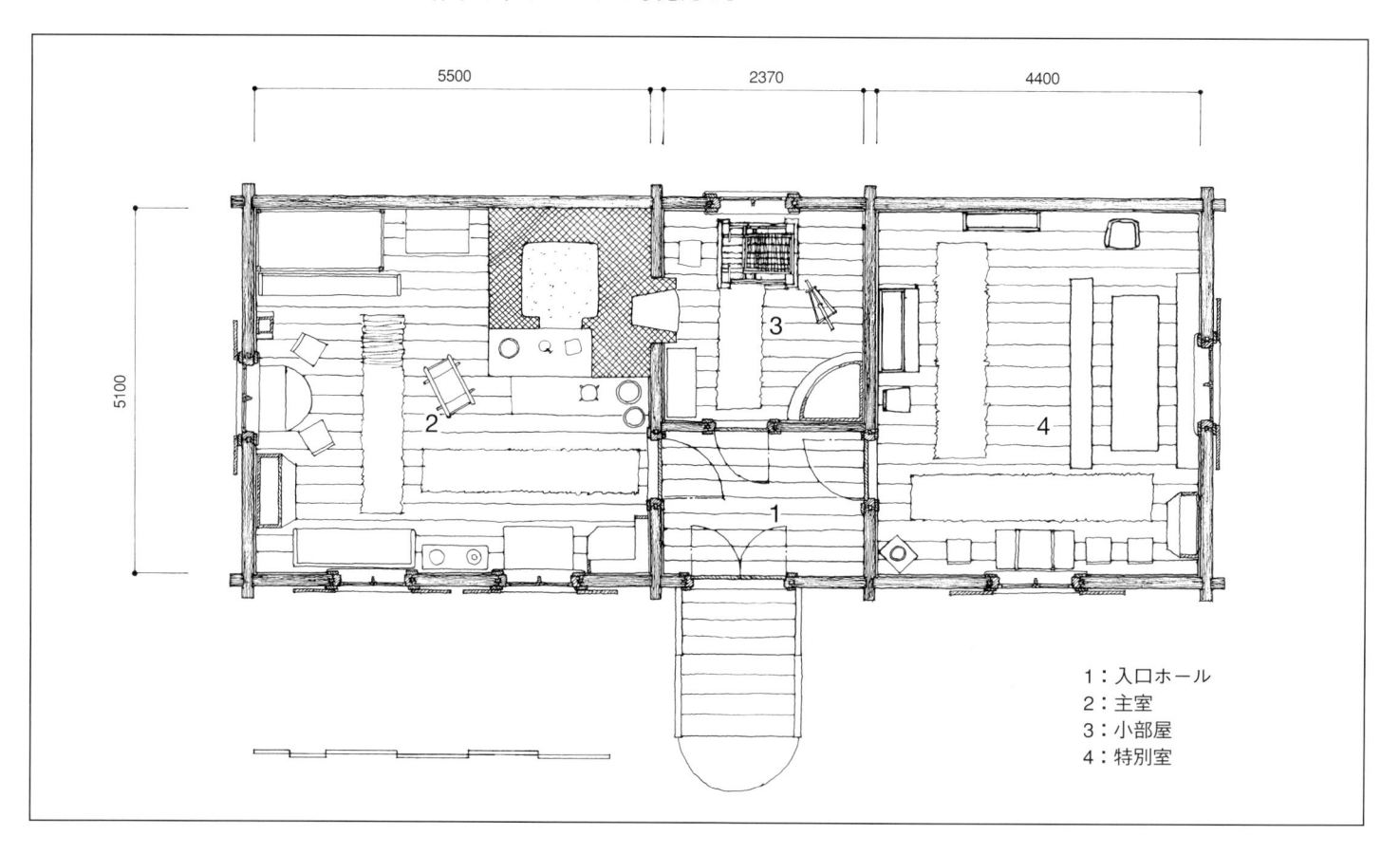

1：入口ホール
2：主室
3：小部屋
4：特別室

13-1：
広場の一角に保存されたエリクソン家，窓の板戸は黄色
13-2：
主室入口脇のカップボード
13-3：
主室内部，家具類があふれんばかり，天井下にはパンや野菜が乾燥・保存されている
13-4：
主室入口側，壁はしっくい
13-5：
特別室正面，壁にイコン，ベンチに背板はない

Ⅳ　各地の民家　｜　111

14. ニーブラ村の家

現所在地：[Disagården Friluftsmuseum] Gamla Uppsala, Uppland
旧所在地：Nyvla, Bälinge, Uppland
建設年代：19C

　ウップサラの旧市街に，古い教会や墳墓が保存された歴史的な地区がある。その教会の北西の一画に，近くの農園のさまざまな建物を集め，ウップランドの典型的な農園の姿を示す野外博物館が造られている。

　それらの建物は，二つの広場を構成するように配置されている。その一つは日常の生活の場であり，そこへはロフトの下の門をくぐって入る。その門の両脇の柱の頭部は，表面が丸みを帯びてえぐられている。馬の額を表しているという。馬は利口な動物であり，その力を守り神としてここに表現している。

　この広場に面した2階建の建物がこの主屋で，1800年代初期に建てられたものである。この家の持ち主は，5代にわたり教会の執事をしていたという。外部は，二面は横積みされた角材のままとなっているが，正面と左側面だけは竪羽目が張られている。いずれの面もすべてファルンレッドに塗られている。

　正面右側角のノッチは，人の頭ほどの高さから下だけ，先端の飛び出さないダブティル・ノッチ（Slät Knutar）が使われている。これは，他では見たことのない処理のしかたである。

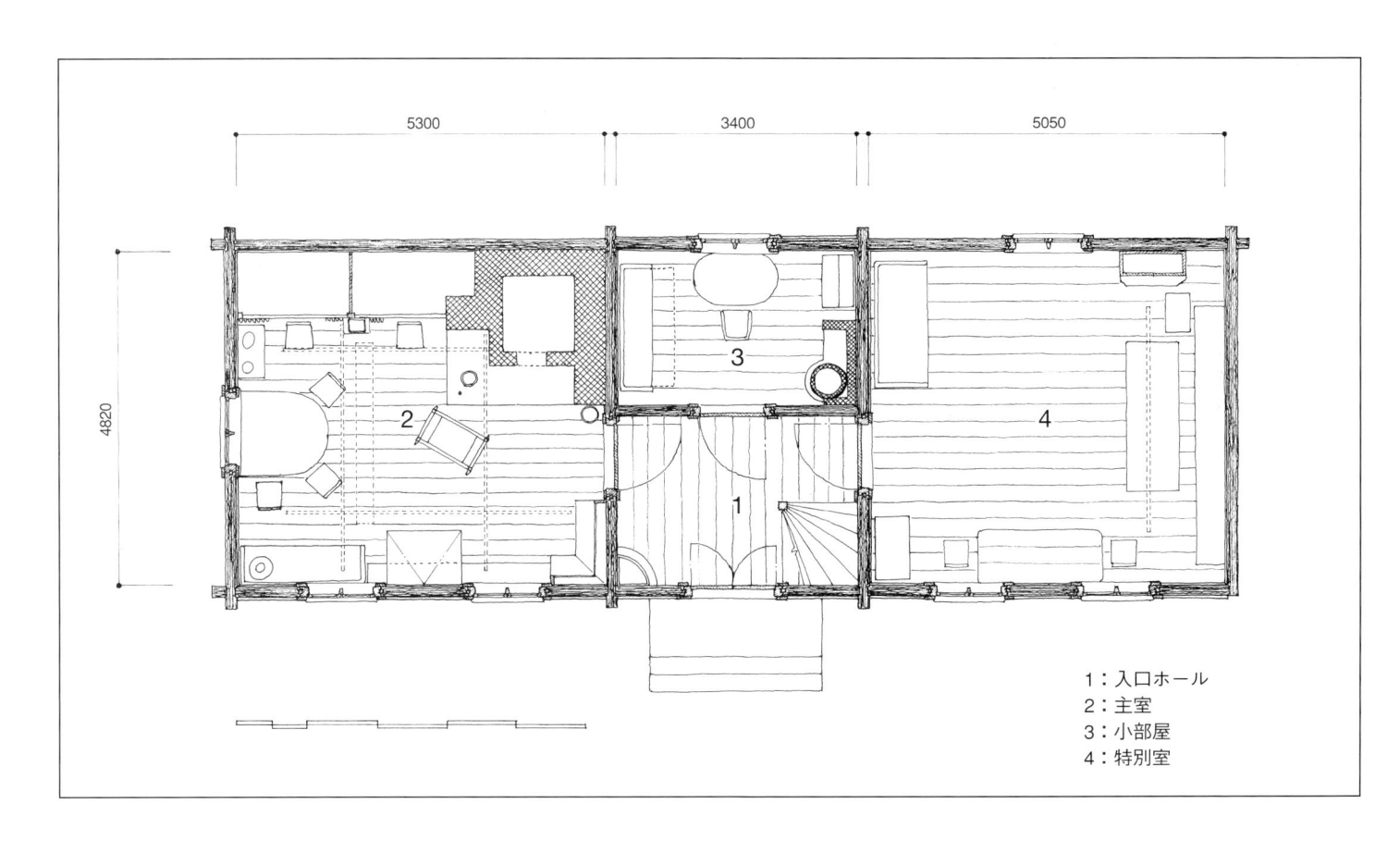

1：入口ホール
2：主室
3：小部屋
4：特別室

ここを通るとき，はね出し部分が障害になるので用いられたのだろう。このノッチは当初，教会建築に使われ，時代が下ると民家にも用いられた。

　平面プランは2広間型。入口ホールには，2階への急な階段が設けられている。主室の天井から下げられたバーは，布や食物を掛け乾燥させるためのものであり，境界を表現するものではない（平面図点線部）。

　2つの窓の間のテーブル，奥の窓に面したテーブル，ともに折りたたみ式になっている。炉の脇には二連のベッドが造り付けられ，ブルーのカーテンがかかっている。その中央に，背の高い時計が強い存在感を示して立っている。時計ケースの形や絵柄はさまざまだが，この背の高い時計は，あちこちの民家で目にする。ここの炉は鉄製で，その隅に1853の数字を読み取ることができる。製造された年代であろう。

　特別室はさほど装飾性はなく，クラウンバーもあっさりしたものである。2階は，1階と同じ位置に壁があり，客間，衣裳部屋などとなっている。

14-1：
広場への入口，丸くえぐり馬の額を表現したロフトの柱頭部
14-2：
主屋，正面は板が被せられファルンレッドに塗られている
14-3：
日常生活の場である広場
14-4：
主屋角の壁，ノッチの手法が変化している

IV　各地の民家 ｜ 113

14-5：
入口から見た主室正面，天井下のバーは物干し
14-6：
主室入口側，炉の反対側にカップボードの配置は定型
14-7：
主室左側，壁際のテーブルは足をたたみ持ち上げて壁に止められる
14-8：
炉の角，製造年の1853の文字が見える

14-9：
特別室，壁はブルーの紙張り，布がかかっているのがクラウンバー
14-10：
主室のベッドと時計，物があふれ日常の雰囲気が感じられる
14-11：
2階広間，客間として使われる
14-12：
ホール奥の小部屋の炉と小物入れ
14-13：
2階階段ホール
14-14：
2階衣装部屋

IV 各地の民家 | 115

3——「夏の北欧」地域

15. マルク村の家

現所在地：[Borås museet] Borås，Västergötland
旧所在地：Mark，Sjuhäradsbygden，Västergötland
建設年代：17C

1：入口ホール・食料庫
2：主室
3：作業室

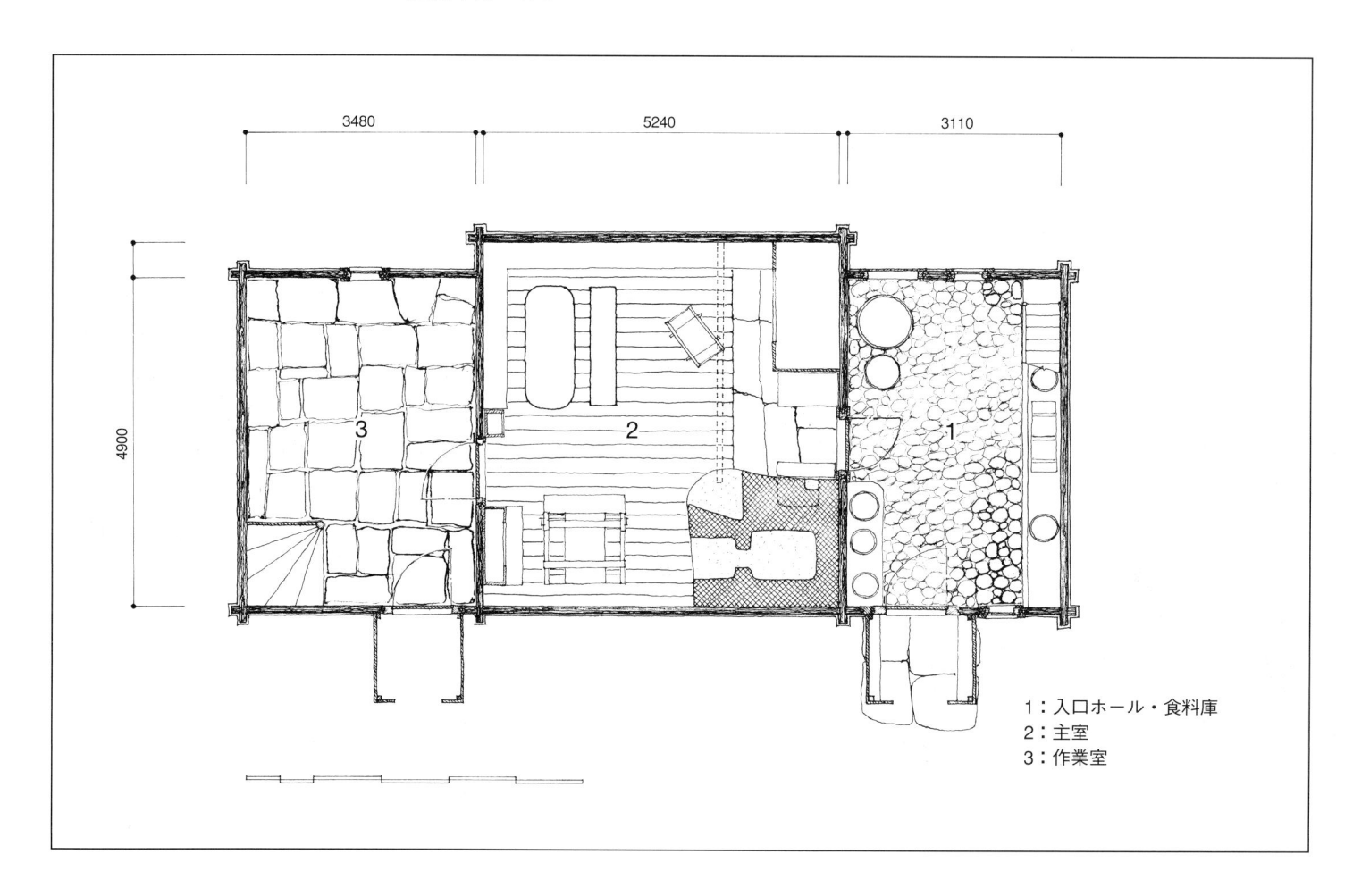

ボロスの町の郊外の丘を登った辺りの，野外博物館というより，公園といったほうがふさわしいような所に，この地方の古い教会とともに，十数棟の建物が移築，保存されている。

　それらの一つが，中世から19世紀までのこの地方の住居の一典型を示すこの建物である。まず印象的なのはその外観。中央が低く，両側は高く，その屋根には青々とした草が生えている。これまで見てきた建物にはない姿をしている。

　壁は，積み上げた角材の上を竪羽目で覆い，屋根は防水材の白樺の樹皮の上に，芝土が載せられている。中央の低い部分が主室で，両側は作業空間や物置で2階建となっている。両側の高い部分のそれぞれに，ポーチの切妻屋根が張り出し，開口部は鍵穴の形にくり抜かれている。右手の側が主たる出入口で，両側の壁にはベンチが設けられている。奥へ入ると，床には大きな玉石が敷き詰められ，さまざまな樽が置かれ，右奥隅には2階への急な階段が設けられている。

　左手のドアから敷居をまたぎ主室へ入ると，床仕上げは大きな平石に変化する。それは炉の角でまた変化し，板張りとなっている。床レベルは変わらないが，ここで履物を脱がなくてはいけないのか，といった印象を受ける。さらに，床仕上げが変化する真上，頭の高さ近くに，相対する壁から炉に突き刺さるように，1本の角材が架け渡されている。床仕上げの変化と相まって，奥へ進むのが躊躇される。

　奥は，炉の対角線上の壁際にベンチが設けられ，大テーブルが置かれている。そこは食事室や居間といったところ。炉の奥のスペースには，キャビネットや織機が置かれ，家事空間となっている。板張りの床の部分は，特に冬場，家族が日常過ごす場であるのがわかる。

　入口脇には小さなベンチが置かれ，ベッドが造り付けられている。そのベッドは箱型で，カーテンを引き閉じた空間となる。

　この部屋へ入って炉の角までと，その奥とは別な領域であり，その表現として床仕上げを変えているのが見えてくる。つまり，この部屋には大きく2つの領域があり，その境目に角材が架け渡されているのがわかる。この角材は，境界の象徴として存在している。

　主室には窓がない。炉の奥の家事スペースの上あたりに天窓が一つ設けられている。

15-1：
中央主室は平屋，両側にロフト，屋根は芝草，ハイロフトタイプの典型的な外観

IV　各地の民家

15-2：
外壁も凹凸のある裏側
15-3：
煙突の蓋を開ける腕木
15-4：
ポーチ屋根と樋，すべて木
15-5：
鍵穴形に開けられたポーチ入口

15-6：
主室入口側、炉の角低い位置に境界の表現としての角材。床仕上げも変化。
15-7：
主室入口から奥を見る、炉の角から境界を示す角材がのびている

IV　各地の民家

16. エリクスベリ村の家

現所在地：[Borås museet] Borås, Västergötland
旧所在地：Eriksberg, Gäsene, Västergötland
建設年代：18C

　前述の住居と同じ民家園に移築，保存されている。強い印象を受けるのは，圧倒的な軒の低さと，壁の木材の力強さだ。壁は，厚さ10cm余りで幅広く，たくましい樫の厚板で，相欠きで組み，積まれている。他で見られるような丸太や角材ではなく，板材による組積構法になっている。軒高を計ってみると，1,470mm。その高さまで，壁板は4枚で済んでいる。この地方には，かつてよほど太い樫の木が在ったのだろう。

　屋根は葦で葺かれている。他の民家に比べ，これらの材料は異質だ。

　腰をかがめて中へ入ると，床は小ぶりな玉石が一面に埋め込まれている。その奥は作業部屋で，木製の台に載せられた石臼が置かれ，床は土間になっている。

　ホール右側が主室で，敷居をまたいで入った直ぐの床は，同じ玉石敷きになっている。しかし，ここでも炉の角から奥は板張りに変化している。しかもここでは，炉の角の部分だけ板幅が狭く，それが入口に平行に帯状になっていて，境界を感じさせられる。

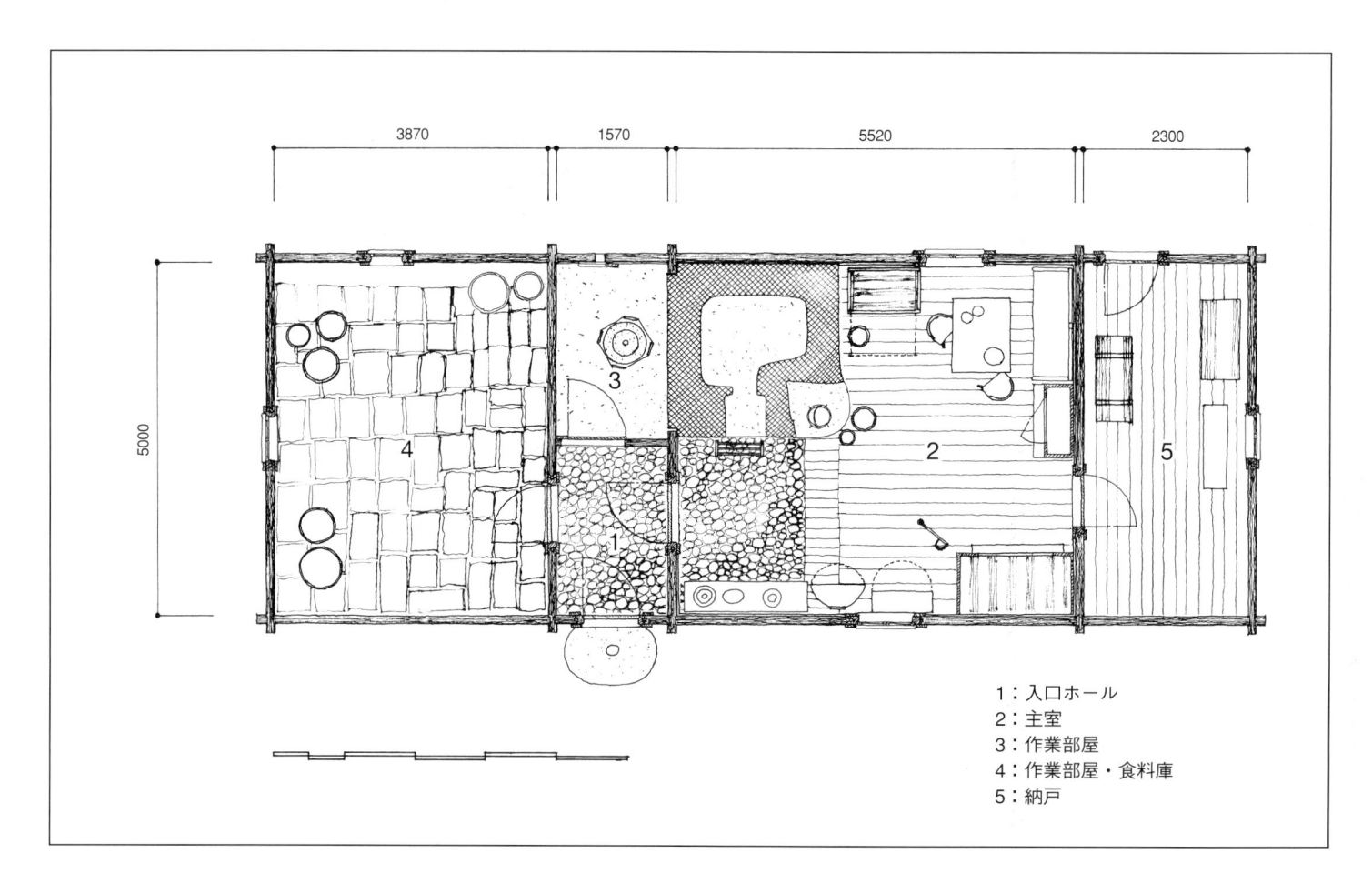

1：入口ホール
2：主室
3：作業部屋
4：作業部屋・食料庫
5：納戸

主室の壁はしっくい塗りで，天井も白く塗装されている。窓は後に設けられたもので，本来は今はない天窓だけだった。

　部屋にはさまざまな家具が置かれているが，それぞれの家具に，部屋を広く使う工夫がされている。窓際に置かれた2つのテーブルは，いずれも半分に折りたため，炉の脇に置かれたベッドは，縦に引き出し式で，日中は半分の長さに変化する。

　右奥のベッドは造付けの箱型で，その手前には床から天井まで伸びる丸柱が立っている。この柱の床近くには腕木が取り付けられ，先端には細い枝を曲げた半円の輪が付いている。これは，忙しい主婦が，よちよち歩きの幼児をこの輪の中に入れて遊ばせておくための仕掛けで，よく見かける。

　主室奥の部屋は納戸といったところで，板張りの床の上に，衣装箱や各種の櫃が置かれている。天井は張られておらず，屋根材が露出している。この部屋で注目すべきは，裏に出る板戸の存在。ここは死者を埋葬する際の出口であった。反対側のやや大きな部屋は作業部屋で，床には幅のある平石が敷き詰められている。

16-1：
きわめて低い軒高，屋根は葦葺き

16-2：
壁は樫の厚板
16-3：
入口ホール奥の作業部屋
16-4：
ホール横の作業部屋，床は平石が敷き詰められている
16-5：
主室入口側，炉の角で床仕上げが変化している

16-6：
主室，天井は白く塗られ，壁はしっくい
16-7：
主室，窓は後に造られたもの
16-8：
主室奥の納戸，奥の板戸は死者を運び出すための出口

IV 各地の民家 | 123

17. ホフマンの長屋

現所在地：[Åsle Tå] Falköping, Västergötland
旧所在地：現地保存　Västergötland
建設年代：1845年

　ファルショーピングの町の周辺には，各種の遺跡が発掘，保存されている。この町の東方，オースレに，1920年頃には住む人の居なくなった住居群が保存されている。小さな川に沿った細い道の両側に小さな家が並んでいる。このような群居形態は，かつてはスウェーデンのいたる所に存在していたが，保存状態が良いのはここだけという。

　ここは，1700年代初頭，村民の中で，自分の土地を持たない者たちが家を建てられる場所だった。1744年には，若い家族が移り住み，ここでの最初の子どもが誕生したことが，教会の記録に残っているという。居住者の数が最も多かったのは1880年頃で，家屋数20数軒に合計85人が住んでいた。しかし，その後アメリカへ移住する者や，工業化が進む都市部へ移る者が増え，1900年を少し過ぎた頃には，10人ほどの老人が残っているだけだった。そこで1923年に，残存している建物を保存していくことが決定され，現在の姿が保たれている。

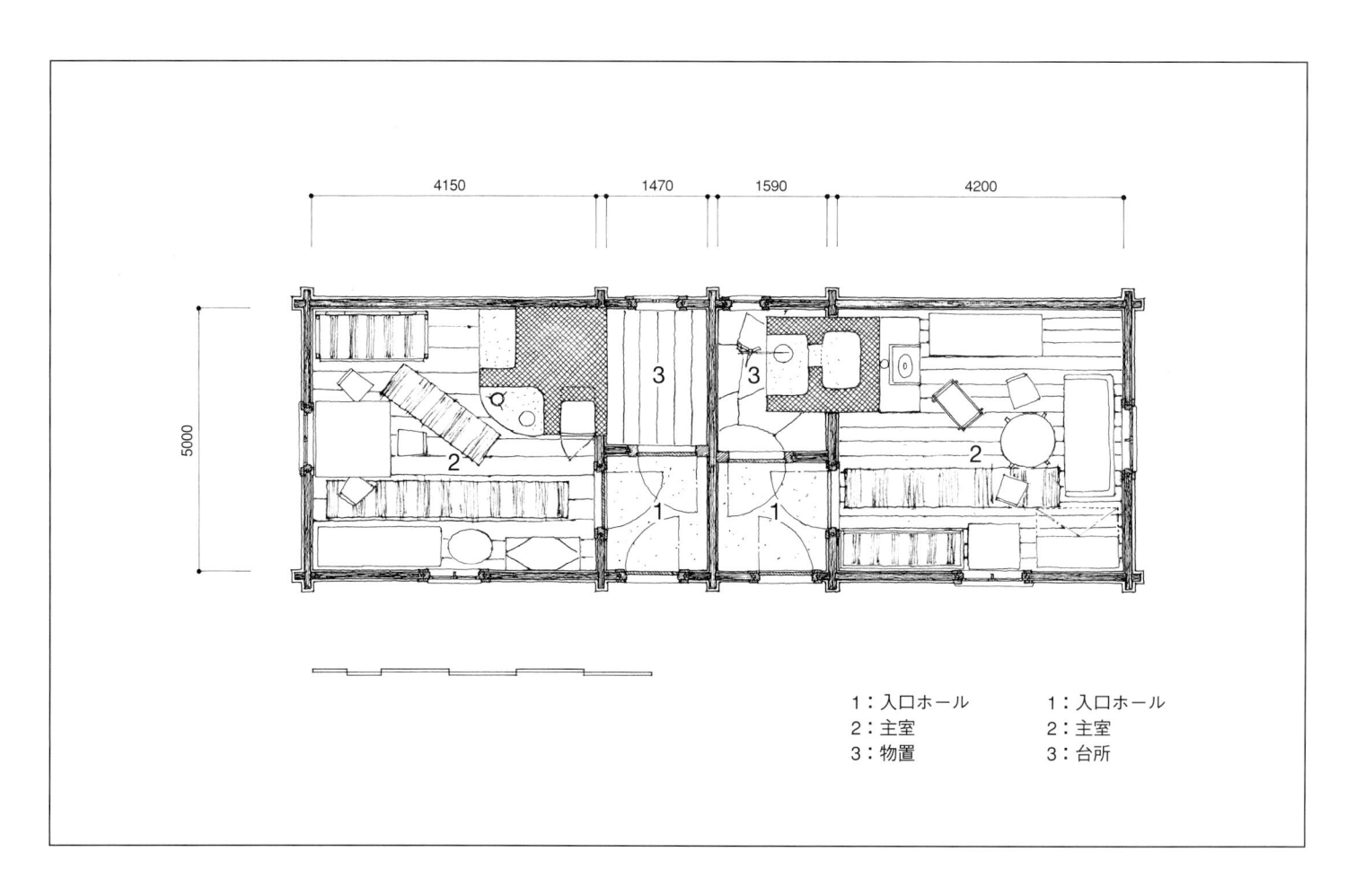

1：入口ホール　　1：入口ホール
2：主室　　　　　2：主室
3：物置　　　　　3：台所

ここの住人は，多くが職人や日雇いの労働者で，周辺の農園の需要にこたえて仕事をしていた。周辺の農園は，頼む仕事がない時期でも，この群居を維持していく社会的義務を負っていたという。

　この家は，住居や鍛冶屋など保存された20棟弱の建物の一つで，めずらしく二軒長屋になっている。1841年から43年にかけて実施された土地再分配後に建てられたため，他への移築を免れ残ったものだった。

　左側のラーシュ・ホフマン宅には，夫妻と6人の子ども，それに父親が同居していた。その父親は，兵隊として従軍した後，教会の管理人をし，その報酬として各家庭から日々の糧を得ており，その死後は，息子ラーシュもその仕事を受け継ぎ，金銭も得ていたという。主室内部の壁はしっくいが塗られ，天井も張られている。

　右側はニーサ夫妻と7人の子どもが暮らし，主は鍛冶屋だったと記録されている。こちらの主室の壁は布張りとなっている。

　この部屋で特筆すべきは，炉の在り方だろう。主室の側は，暖房のための鉄製の炉だけで，調理のための炉は，反対側の小部屋の中になっている。つまり，主室の中の台所としての場が外へ出され，入口奥の小部屋に移されている。

　これまで見てきた住居の中で初めて，台所が独立した平面プランになっている。いずれの住居も小ぎれいに整理されているが，大家族がここでどう生活していたのか想像しがたいほど小さな空間だ。

17-1：
両側に小さな家々が並ぶ小道

IV　各地の民家

17-2：
二軒長屋，左がラーシュ宅，右がニーサ宅，外壁は竪羽目で覆われている
17-3：
ラーシュ宅の入口とその奥の床が一段高い物置
17-4：
ラーシュ宅主室，天井高は1880mmしかない
17-5：
ラーシュ宅の主室，壁はしっくい，角にソファーベッド

17-6：
ニーサ宅主室，壁は布張り
17-7：
ニーサ宅主室入口側，炉は鉄製で暖房の役割のみ
17-8：
ニーサ宅の入口と奥の台所
17-9：
台所内部，鍋の柄受けに樹の根が巧みに使われている

IV 各地の民家

18. ショアリード村の家

現所在地：[City Park] Jönköping, Småland
旧所在地：Sjöaryd, Markaryd, Småland
建設年代：17C～19C

　主室における領域のありようと，その境界を表現するものの存在。それらを示す重要な住まいである。
　ヨンショーピングの町を見下ろす丘の中腹の，広い緑の公園の中に移築，保存されている。外観は，前述のNo.15の家同様，中央の屋根が低く芝土が載せられ，両脇は高くなっている。しかし，外壁をよく見ると，中央，両側ともに違いがあるのがわかる。
　中央は明らかに角材の組積造。左側はその上を竪羽目で覆っている。ところが右側はまったく違う構法になっている。角の柱に縦に彫られた溝に，厚板がはめ込まれている。その板は，正倉院の校倉のように，外部に三角の山を見せ，内部は平らになっている。この右側の屋根の高い部分は，柱・梁の軸組構法で構成されているのがわかる。
　つまり，この建物には二つの構法が混在している。この住居は，中央の屋根の低い部分が17世紀に造られ，両翼がそれぞれ時代を変え増築されたものだった。2つある入口部分に，その接続方法が現れている。

18-1：
中央は低く両側はロフト付きで高い，典型的なハイロフトタイプの外観

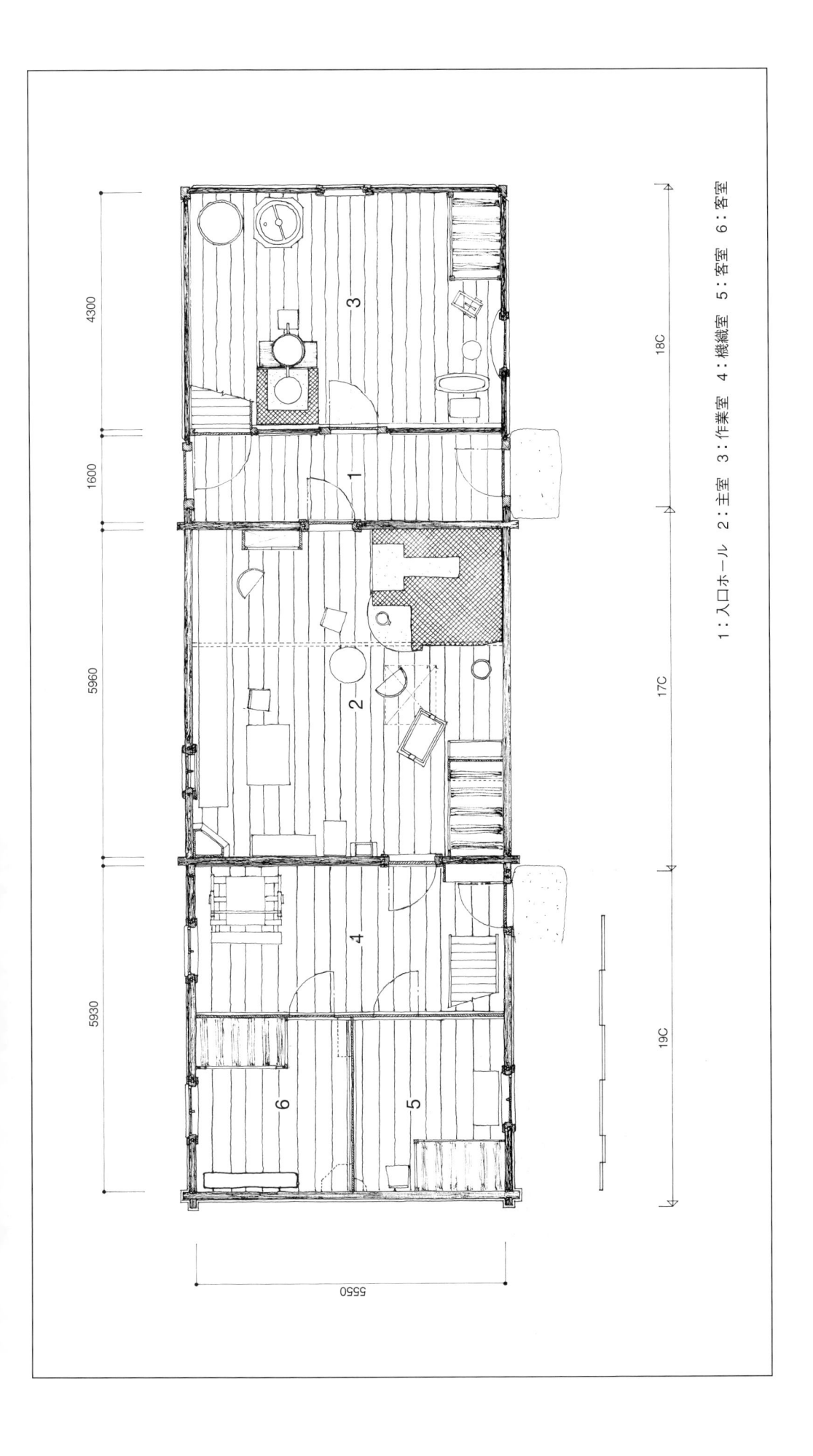

1：入口ホール 2：主室 3：作業室 4：機織室 5：客室 6：客室

IV 各地の民家

右側のドアを入った所がエントランスホールになっている。その右奥のドアの中には，2階の物置への階段が隠されている。

　左側のドアから主室に入ると，曲がりくねった梁が立ちふさがる。それは炉の角から相対する壁に架け渡され，床から1,400mmほどの低い位置にある。奥へ進むのを拒絶され，潜らなければ奥へ入れない。この梁には名前が付けられていた。

　「Stackarebjälken―Poor Man's Beam―貧乏人の梁」

　この曲がりくねった梁は，貧しい者の侵入を止める役割をもたされていたのだ。その背景として，この地方には乞食や馬泥棒などが多かったことがある。この梁は，他人が入れる領域と，奥の家族の領域との境目に設けられ，その境界の象徴として存在していたのだ。しかも防御の意味合いを担って。

　第3章に記したが，2003年に訪ねた折，番をしていたイラン人青年が彼の人生も重ね合わせ「パスポート・コントロールのようなものだ」とうまい表現をしていた。

　現在，見学者は左の入口から入ることになっている。しかし，そこから入らせるのは相応しくない。間違いといってもよい。それでは梁の意味が伝わらない。

　梁を潜って奥へ入る。その梁の内側には，帯状の赤白の布が取り付けられている。三方の壁にも，梁と同じ高さに帯状の布が付けられている。これは祝い事の際に行うことだった。

　軒が低く，天井は屋根勾配なりで，その下地の厚板がきれいに処理され現れている。炉の脇の天井に天窓が一つ穿たれている。このタイプの住居の典型的な明かり取りだ。

　入口右側の壁際には，一面にベンチが造り付けられている。面白いのはその壁の処理で，上にいくほど外部に傾いている。ベンチに座ったとき，その壁の傾きが，背当てとしてちょうどよい。つまりここでは，家具が建築化されているといえる。

　傾いた壁の中に小さな窓が一つあるが，きわめて閉じた空間となっている。

　ホール右側は，軸組構法で造られた作業室で，奥の両角には柱が現れている。柱の間には，きれいに削られた厚板がはめ込まれている。ここに設けられた炉は，酒造りのための設備である。

　主室奥は，一番新しく，19世紀に増築された棟で，主室に比べまさに材料の新しさを感じる。機織を兼ねた衣装部屋と客室になっている。ここには炉がなく，おもに夏使われていた。

18-2：
建物裏側，中央部外壁が上に行くほど外に傾いている

18-3：
入口回り，木材組積構法と落し板構法，異種構法の結合部
18-4：
正面右側作業室の落し板構法の外壁，板は五角形で外部に三角の山形が現れる
18-5：
落し板構法柱頭部詳細
18-6：
平屋部とロフト部の取り合い

Ⅳ　各地の民家 | 131

18-7：
入口側から見た主室，奥へ進むには床から1,400mmほどのこの曲がりくねった梁を潜らなければならない
18-8：
主室入口側を見る，境界を示す梁などが祝いの布で飾られた家族の領域。屋根勾配なりの天井に天窓が一つ
18-9：
家族の領域から入口側を見る

18-10：
ベンチ上の天井に張られた布に描かれた絵
18-11：
作業室角に造り付けられたベッド、敷物の下に藁が見える。落とし込まれた板には隙間も見える
18-12：
作業室の炉、酒造りの装置
18-13：
作業室の臼や樽などの道具
18-14：
主室裏側の傾いた壁、ベンチの背もたれとして具合の良い角度
18-15：
炉の奥の家族の領域、ベッドや幼児用の揺り椅子などが並ぶ
18-16：
増築された客室部の織機、奥の窓には内に跳ね上げ式の板戸

IV 各地の民家 | 133

19. ブレーキンゲの家

現地保存：[Kulturen Lund] Lund，Skåne
旧所在地：Jämshög，Blekinge，Skåne
建設年代：18C

　ルンド市には，1882年に創設された素晴らしい野外博物館がある。移築・保存された30数棟の建物の半数は19世紀の建造で，都市の木骨レンガ造の建物も見ることができる。

　道路をはさんで一方の敷地に，1996年にはまだ工事中だったこの住居が完成している。外観は，前述のNo.15やNo.18同様，中央の棟は低く，両脇が高くなったハイロフト型。しかしそれらと違い，両脇のロフト部分が妻側に跳ね出している。構造材は，厚さ10cmに削り込まれた角材。

　平面プランにも，それらの住居とも，これまで見た他の住居とも，大きく違う所がある。出入口の位置である。木材組積構法の民家では，1室住居の時代の出入口は妻側で，そこに風除室であるエントランスホールが建築化されると，建物への出入口は平側になるのが常である。しかしここでは，増設された作業室の一部を仕切ったホールへの出入口は，何故か妻側に設けられている。主室の炉の位置などからして，もう一方が日常の出入口とは考えにくい。理由はわからない。

19-1：
移築工事中，当然ながら壁からできていく
19-2：
平屋部とロフト部の屋根・壁の取り合い
19-3：
裏側外観，ロフト部が跳ね出している
19-4：
基礎と土台，それぞれの上に被っているのは白樺の樹皮

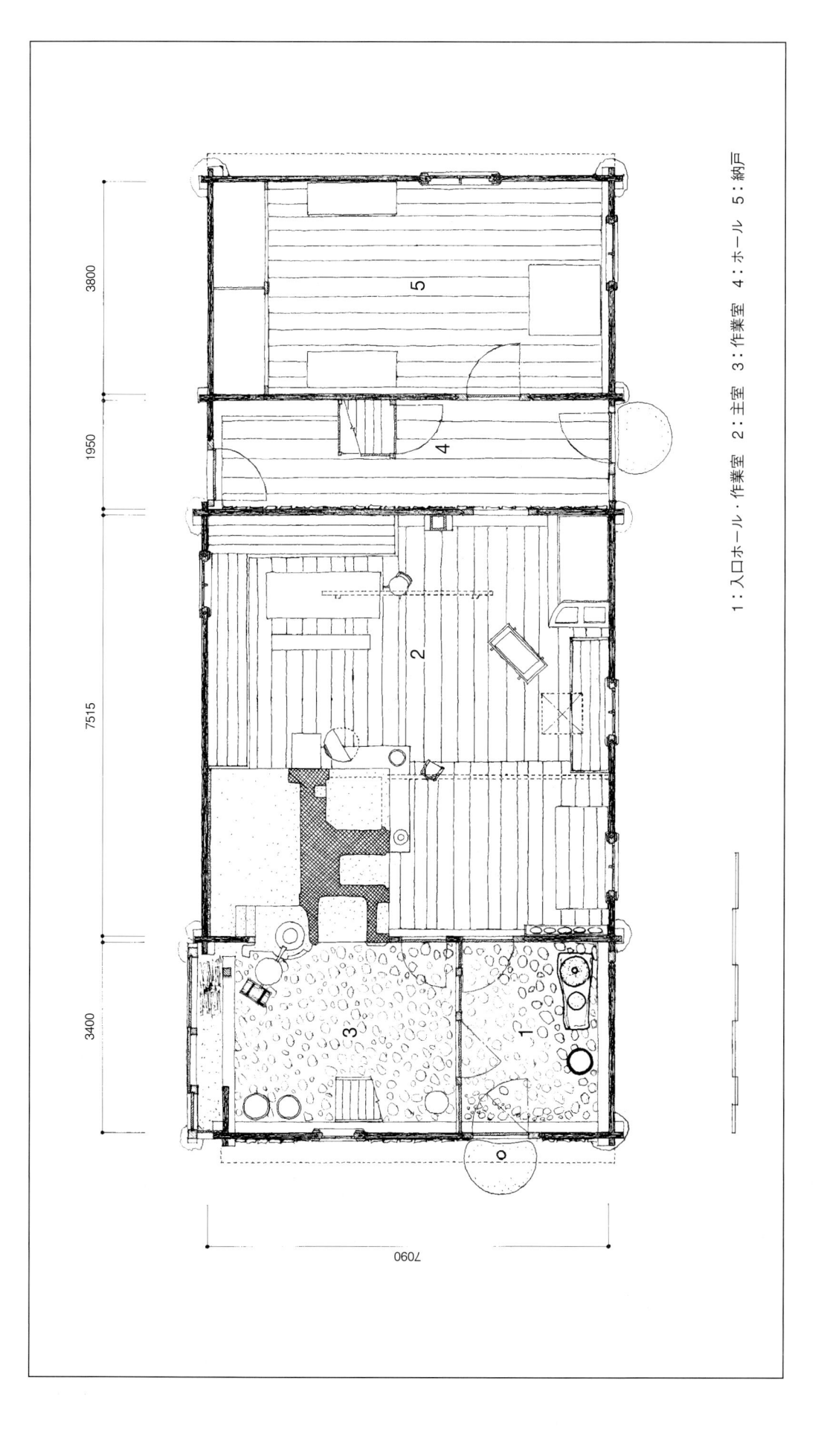

1：入口ホール・作業室　2：主室　3：作業室　4：ホール　5：納戸

IV　各地の民家

入口前に置かれた踏み石は，大きな石臼だったものだろう。ドアは上下二段に分かれている。内部の床は玉石が埋め込まれ，壁下に土台がはっきりと見えている。木製の台の上に石臼が並び，隣の作業室とは薄い堅羽目の壁で仕切られている。作業室にも炉が設けられ，酒造りの道具が添えられている。

　主室に入ると，野地板の現れた天井は，屋根勾配なりなので，軒は低いが中央は高く，部屋がより広く感じられる。天窓からの光が効果的だ。木材で覆われた空間に，真っ白な炉が口を開けている。

　ここでも，炉の角から相対する壁に向かって，梁が渡されている。頭のすぐ上で，床からその下端までを計ると，1,850mmしかない。そのまま進むのは躊躇される。この梁は，明らかに他人を一時そこに押し留める役目をしている。奥の領域との境界を示している。この梁には名前が付いていた。それも，前項の潜らなければ奥へ進めないほど低い位置にある梁と同じStackarebjälke（Poor Man's Beam）だった。つまりここでは，肉体的に留める物理的な梁から，精神的に働きかける象徴的な梁へと変化しているのが読み取れる。

　部屋の奥には，天井の一番高い，棟の両脇から板が吊るされ，そこに角材が取り付けられている。角材は，断面の幅65mm，背90mmで，これも床から下端までの高さ1,890mmの低い位置にある。奥の壁からの距離は1,350mmで，壁際に造られたベンチの前に置かれた大テーブルの上に架かっている。そこは家族の集う場である。

　彫り物などの飾りはないが，これにも名前が付いていた。Kronstång，つまりCrownbar。このことは，この角材が，Stackarebjälkeの奥の家族の領域の冠，すなわち象徴として設置されていることを示している。

　日常の家族のさまざまな行為を包含するこの広間に，ある秩序を与えるために，これら2つのバーが存在しているのが理解される。家具の配置から考えると，このバーの役割は，空間を用途ごとに領域づけるものではなく，家族の領域を他者から守るための，防御の意味であるのがわかる。

　壁際のベンチは，どこのものより広く，奥行720mmもある。炉の鉄板の角には，製作年の1799の文字が浮き上がっている。炉の対角線上の角に置かれた天蓋付きのベッドは，天蓋を支える壁の曲面が美しく，見事な造り。一番奥の部屋は納戸であり，炉はなく二連のベッドが造り付けられている。夏場は寝室としても使われていた。

19-5：
平屋部の屋根，トップライトの小屋根が芝土に埋もれている。軒に見えるのは白樺の樹皮

19-6：
珍しい妻側の入口
19-7：
入口回り
19-8：
入口ドア枠と土台，壁材が枠の溝に差し込まれている
19-9
納戸部のホールへの入口
19-10：
ロフト跳ね出し部，ロフト床を支える根太が壁から出ている
19-11：
入口ホール，右手前に見えるのは2枚に分かれたドアの下の部分
19-12：
入口横の作業室，酒造りの道具がしつらえられている

IV 各地の民家 | 137

19-13：
入口側から見た主室，炉の脇から反対側へ角材が渡されている
19-14：
大テーブル上のクラウンバーと炉，炉前の椅子は背を手前に下ろすとテーブルになる
19-15：
炉の角に製作年1799が見える
19-16：
奥から見た主室入口側，炉の脇の境界を示す角材と手前のクラウンバーが見える

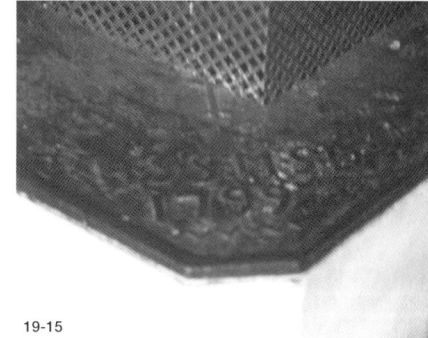

19-17：
クラウンバーと奥の独特な形のベッド
19-18：
炉の奥から見た境界の角材とトップライト

Ⅳ 各地の民家 | 139

20. ブレンタルプの農園

現所在地：[Kulturens Östarp] Blentarp, Skåne
旧所在地：Blentarp, Skåne
建設年代：1812年

　森の中の細い道をしばらく走ると，急に視界が開ける。車を止め，管理棟で手続きを済ませ，先を見ると，なだらかな牧草地の丘の起伏が連なる美しい風景が広がっている。森が連なる北部の風景とは明らかに違う。右手の高いほうの丘には，風車のたつ農園が見える。左側の低いほうの丘の上に，周辺の木々に守られるようにして，白い壁の農園が見える。長い坂道を下り，そちらに向かう。小川が流れ，傍らには水車小屋が立っている。木々の間に，白い壁と黒い屋根が見え隠れする。

　玉石敷きの道を進むと，最初に現れるのが独立した家畜小屋。前述したどの建物とも違うのがわかる。この農園の建物は，木骨レンガ構法で造られている。屋根は藁葺きで，三角の妻壁は竪羽目で覆われている。

　連続する白壁の途中に開いた門屋の間をくぐり中に入る。そこは，四方を白壁の建物で囲み込まれた中庭となっている。全面玉石が敷き詰められ，つるべ井戸の設けられた農作業用の庭だ。建物への出入口は，この中庭側にしかない。外部に対しては閉じた，砦のような構成となっている。

　南と東の棟が，日常の居住空間であり，他は馬屋や納屋となっている。南側の棟の外側にだけ，中庭とはまったく雰囲気の違う，草花の植えられた庭が造られている。

　それぞれの居室は，一辺5m弱ほどで，さほど広くはない。開口部のあたりに壁の厚さが感じられ，それらと相まって，しっくいで塗られた壁の肌合いにも，重厚さが感じられる。

　入口をはさんで二つ並んだ部屋の東の部屋は，日常の居間であり食事室であるが，西の部屋は，夏用の部屋で，甲板が石で作られた見事な丸テーブルが置かれている。両方の部屋ともベッドが置かれている。夜は寝室としても使われるのがわかる。

　夏の部屋からだけ，南側の庭への出入口がある。台所は独立した部屋となっていて，日常の炊事だけでなく，保存用食品の加工場といったところ。かまどが大きく外部に張り出している。

20-1：
なだらかな丘の上の風車のある農家，手前の道の左手に目指す農園
20-2：
木々の陰に見え隠れする農園
20-3：
道筋には小川が流れ水車小屋が造られている

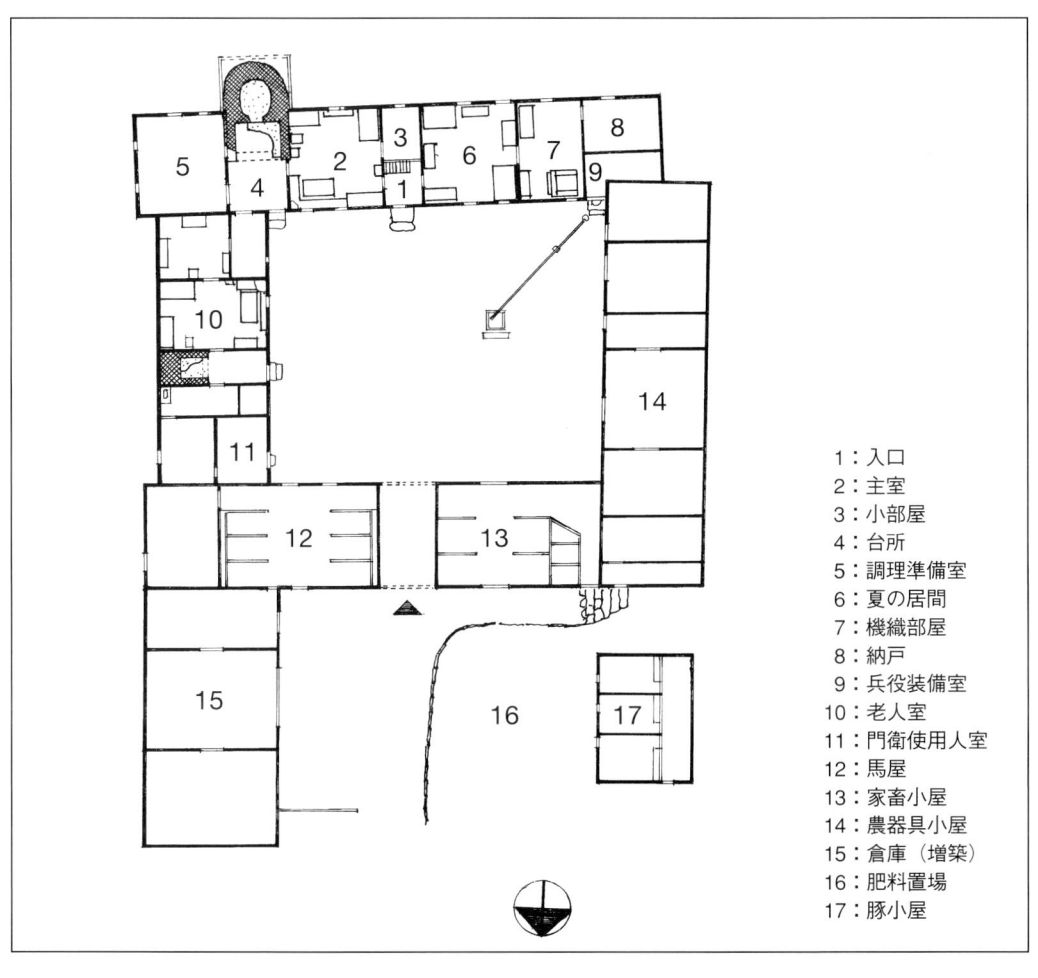

1：入口
2：主室
3：小部屋
4：台所
5：調理準備室
6：夏の居間
7：機織部屋
8：納戸
9：兵役装備室
10：老人室
11：門衛使用人室
12：馬屋
13：家畜小屋
14：農器具小屋
15：倉庫（増築）
16：肥料置場
17：豚小屋

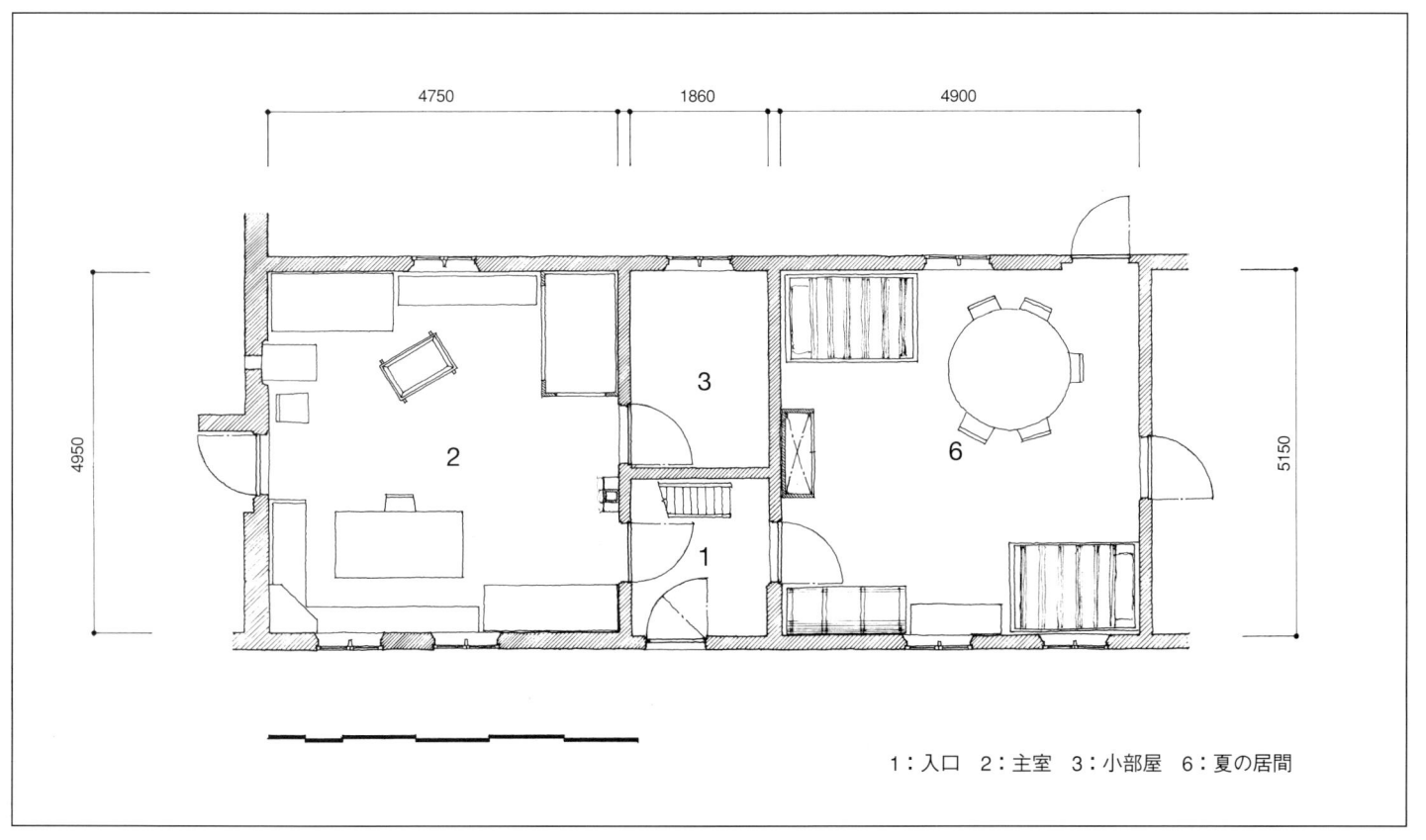

1：入口　2：主室　3：小部屋　6：夏の居間

IV　各地の民家 | 141

20-4：
坂の上に現れた建物，これまでの構法と明らかに違う
20-5：
まず現れる家畜小屋
20-6：
外側から見た建物群，白壁に軸組が浮き出ている
20-7：
ロフト下の中庭への入口

20-8：
中庭には井戸があり玉石が埋め込まれている
20-9：
中庭外側、建物南側の花壇
20-10：
花壇の側に突き出た竈
20-11：
中庭南東角の台所への入口
20-12：
柱・梁の納まり、込み栓で止められている
20-13：
柱・梁の納まり
20-14：
1996年、修復前の壁の状態、土壁の状態がよくわかる
20-15：
1998年、修復後の壁

IV 各地の民家 | 143

20-16：
住居部入口，ドアは上下二段
20-17：
台所から中庭を見る
20-18：
台所のいくつもの竈
20-19：
居間台所側，白壁に付いた鉄製の炉は暖房の役割のみ
20-20：
居間入口側，角にベッドが置かれている
20-21：
入口から居間を見る
20-22：
居間中庭側，壁・天井，家具調度類を含め重厚さが感じられる

20-23：
夏の居間、ここだけは中庭と反対側の花壇への出入口が設けられている
20-24：
夏の居間中庭側、手前は石製甲板の丸テーブル
20-25：
夏の居間入口ホール側、床はたたき
20-26：
台所脇の調理準備室
20-27：
調理準備室

IV　各地の民家　｜　145

4 ── 島嶼部

21. エクスタ村の家

現所在地：[Bunge museet] Bunge, Gotland
旧所在地：Hägur, Eksta, Gotland
建設年代：17C

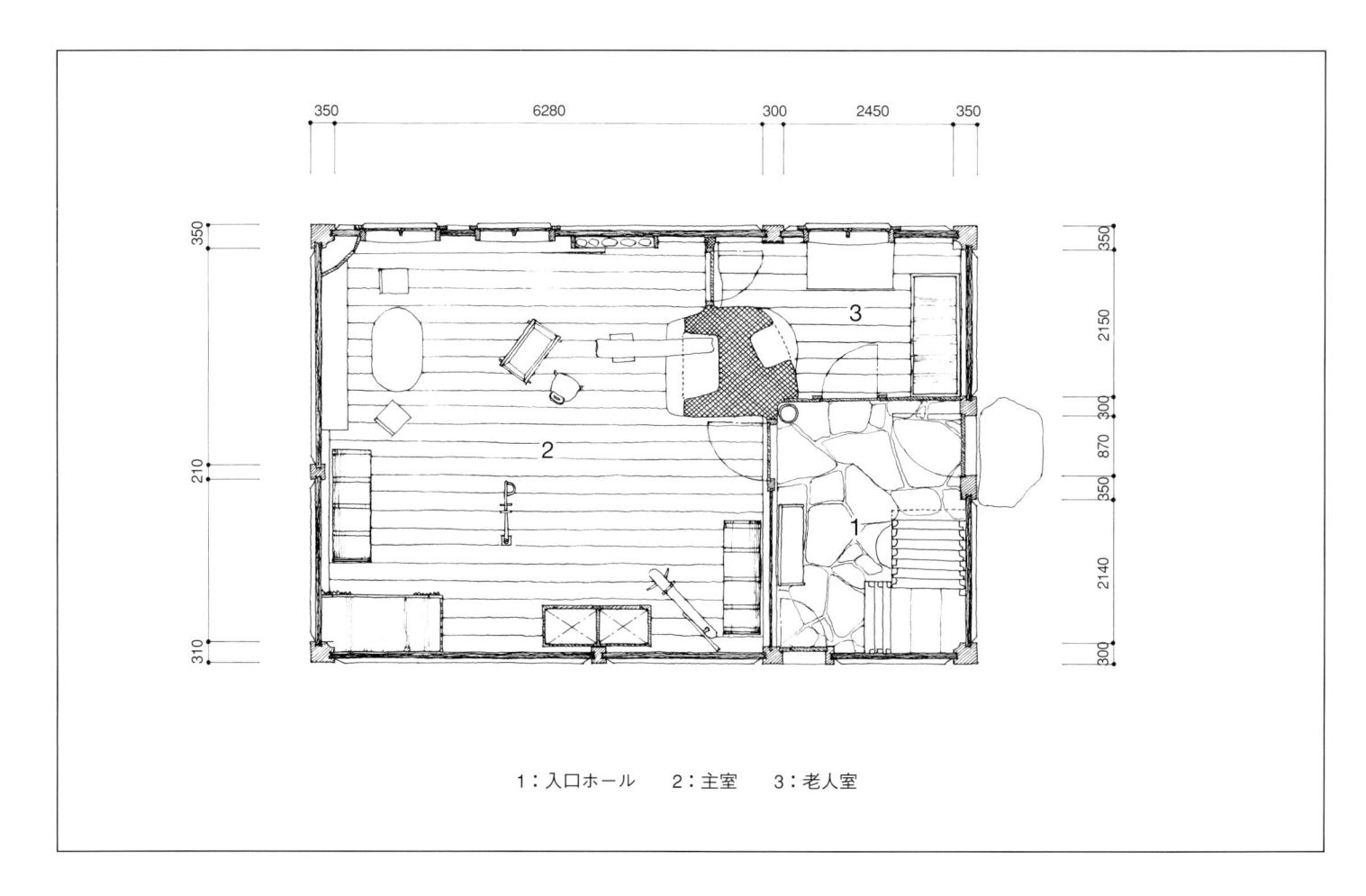

1：入口ホール　2：主室　3：老人室

ゴットランド島最北部のブンゲ（Bunge）に，ゴットランド出身の教師によって，教会の借地に1908年には最初の建物が移築された野外博物館がある。

道路際に，丸太をX字に打ち込み，密に並べた独特な柵がある。中世以来この地方で用いられた特有の方法であった。その中央に造られた石積みの門，これも独特な構えだ。かつて教会や豊かな農園の門として使われていたものであった。

敷地内には，ルーン・ストーンやストーン・サークル等とともに，ゴットランドの特徴を備えたさまざまな民家が，時代区分され保存されている。

この建物は，門を入って左側に造られた17世紀の農園の中の住居棟。これまで見てきたどの住まいとも，造りが違うのがすぐわかる。第2章の2-1に記した落し板構法によって造られている。

30cm，あるいは35cmもある太い柱，それに堅に彫られた溝に，山形の断面をした厚板が落とし込まれ壁を構成している。柱は基礎の上に立ち，脇から土台が組み込まれ，両者を結ぶ込み栓が打ち込まれている。柱の頭をつないでいる桁は，角材が三段重ねられ，その部分だけ組積構法が組み込まれている。その上には，棟部分とその下とで二段になった，板葺きで急勾配の切妻屋根が載っている。勾配をあたると55度もある。軒の出はさほどない。

妻壁は，束，桁を垂直水平に組み，斜めに筋違いを組み合わせ，それらの間に平石を詰め，美しく左右対称に構成している。

妻側の中央のたくましい2本の柱の間が出入口。前に見た木材組積構法の民家の出入口が平入りだったのと違い，ここでは妻入りだ。

柱の上部には，装飾的な持ち送りが取り付けられ，その上に，出入口を示すためだけのような，出の少ない厚板が一枚載せられている。

高い敷居をまたいで入ると，入口ホールの床は平石の乱張りで，壁の厚板は，内部は平らに削られている。壁際にベンチ，丸太をくり抜いた樽などが置かれ，屋根裏物置への急な階段がある。

主室は，全体に黒々と煤けて，薄暗い。右の壁に2つの窓があり，正面の壁にも窓があるが，それは天井下の高窓で小さい。その小さな窓にはステンドグラスがはめられている。それは，かつて，家を新築すると施主は祝いの祭りを行い，そこに招かれた客が新築祝いに贈ったものだった。

部屋の角には箱型のベッドが造り付けられ，テーブル，ベンチ，椅子，長持，食器戸棚，揺りかご，機織りの糸繰り等々，生活に必要な家具・道具類が所狭しと置かれている。ベッドの手前の，床から天井まで伸びたポールに取り付けられた腕木は，よちよち歩きの幼児のための歩行器だ。

入口脇に炉があり，火床に太い丸太が差し込まれている。一年中火を絶やすことはなかったという。この炉に向かって左側にもドアがある。その奥は老人室でホールからも入ることができる。この部屋にも，同じ炉の背面に火床が設けられている。

つまりここでは，炉の位置が主室の角ではなく，複数の部屋の間にあり，しかもその周辺を回ることができるように造られている。これは木材組積構法の民家にはなかった炉の在り方だ。

建物への出入口が妻入りであること，炉の位置が角でなく，周辺を回ることができる炉の在り方。これらは，このタイプの民家の特徴といえる。

21-1：
ブンゲ野外博物館の石積みの門と両脇の柵

21-2：
急勾配の屋根は製材された板葺き、左側は増築された客室
21-3：
妻側落し板構法の壁の中央に入口、妻面は木骨石積み
21-4：
妻面部分
21-5：
入口回り、太い柱に山形断面の厚板が落とし込まれている
21-6：
柱頭部詳細、落し板構法の柱の上に組積構法の桁が載る
21-7：
基礎・柱・土台の取り合い、柱と土台の結合には込み栓が打たれている
21-8：
入口ホール、床は平石が敷き詰められ、ロフトへの階段が見える
21-9：
ロフト見上げ

IV 各地の民家 | 149

21-10：
主室左側，奥に造付けベッド
21-11：
主室右側，正面に新築祝いのステンドグラスの入った窓

21-12：
主室の炉，周辺を一巡できる
21-13：
入口脇の小部屋
21-14：
炉には火を絶やすことのないよう丸太がくべられ，壁にはカップボード，炊事スペース
21-15：
幼児用歩行器

Ⅳ 各地の民家 | 151

22. サンダ村の家

現所在地：[Bunge museet] Bunge, Gotland
旧所在地：Vives, Sanda, Gotland
建設年代：18C

　この住居は，ブンゲ野外博物館の入口右手，18世紀の建物のエリアに保存されている。やはり落し板構法で造られている。しかし，壁は平らな厚板で，入口は建物中央部平側から入る，平入りとなっている。

　入口ホールと奥の小部屋，両側の広間，この平面プランは，前述の木材組積構法の民家の平面と似通っている。しかし，各部屋の機能はまったく違っている。ホール左側は主室だが，ここの炉は，部屋の角ではなく壁面の中央にあり，暖房機能のみで炊事用には造られていない。木材組積構法の民家の主室にあった炊事場の機能は，ホール奥の小部屋に移っている。つまり，ここは独立した台所となっている。

　この台所の炊事用の炉も角にはなく，その背面は，もう一つの広間に面し，暖房用の炉が設けられている。この広間には，ホールからも台所からも出入りができるので，炉の周辺を一巡することができる。ここにも木材組積構法の民家とは違う炉の在り方が見られる。この広間も，特別室ではなく老人室となっていて，木材組積構法の民家とは違う。

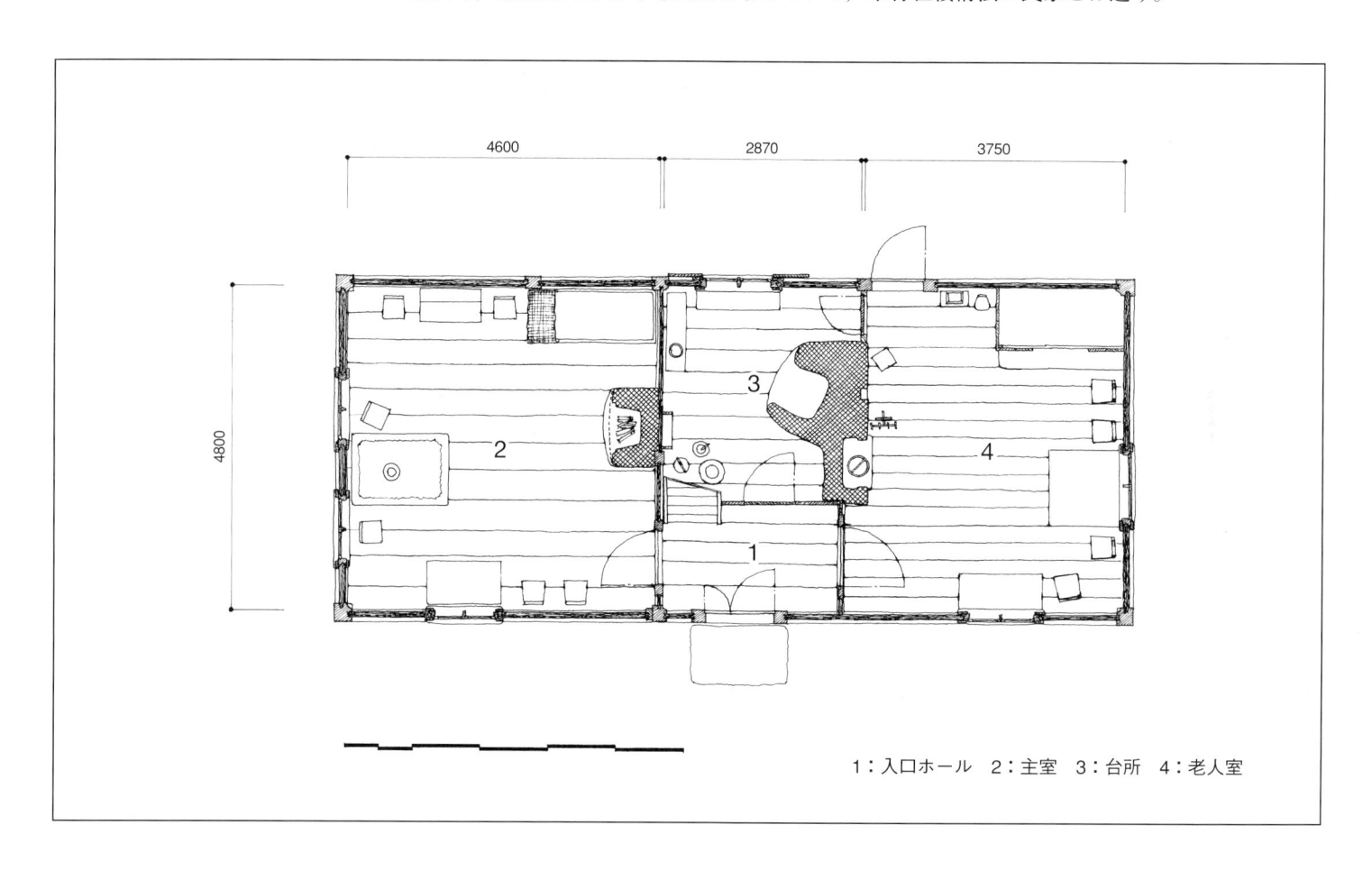

1：入口ホール　2：主室　3：台所　4：老人室

主室は，天井は白く，壁は薄い茶に塗装されている。正面の2つの窓の間に置かれたテーブルには，上面周辺に連続する模様が描かれ，大切に使われていたのが感じられる。炉の脇に置かれたベッドには，天蓋から青い布が掛けられている。眠る時には閉じた空間にしたのだろう。より閉じた空間となっているのは老人室のベッドで，箱に出入口を付けたような造りで，きわめて小さな寝室ともいえる。老人室の炉は，装飾性も加わり，暖炉としての表現の強い造りになっている。

　この建物でもう一つの特徴は，部屋内に現れる柱の処理のしかただ。それは，前のNo.21の建物も同様なのだが，この建物にはよりよく見えている。太い柱なので，部屋内にその角が大きく出てくるのはじゃまになる。そこで，床からある程度上がった所から天井下まで，柱の角をえぐり取っている。その高さは床上10cmあるいは30cmほどと一定ではないが，内側に大きく張り出した柱の角は，すべてその処理がされている。

22-1：
落し板構法の外観，壁は茶に塗られている
22-2：
入口奥の台所
22-3：
老人室から見た台所

22-4：
主室，窓前に紋様で縁取られたテーブル
22-5：
テーブル側から見た主室，炉の奥に青い
シートで覆われたベッド
22-6：
主室入口方向，炉は暖房の役割のみ

22-7：
箱に穴を開けたような老人室のベッド
22-8：
老人室の美しく飾られた炉回り
22-9：
老人室角の柱，内側が削り取られている
22-10：
削られた柱の上部，魔除けの釘

IV　各地の民家　|　155

23. ブロ村の家

現所在地：[Bunge museet] Bunge, Gotland
旧所在地：Bro, Gotland
建設年代：18C

　この住居も，柱の溝に厚板を落とし込む，落し板構法で造られている。桁やそこに顔を出した梁の頭には，装飾的な彫り物がされている。
　屋根は，目地部分を重ねにした板葺き。やはり急勾配だ。入口は妻面の隅になっている。高い敷居をまたいで入ったホールから，床は板張り。主室の天井高はきわめて低く，計ってみると1,880mmしかない。炉は，やはり部屋の角ではなく，やや中央よりに設けられている。その背面は，隣りの小部屋・老人室に顔を出し暖炉が造られている。ただしここでは，炉の脇に屋根裏部屋への階段が設けられているため，周辺を回ることはできない。

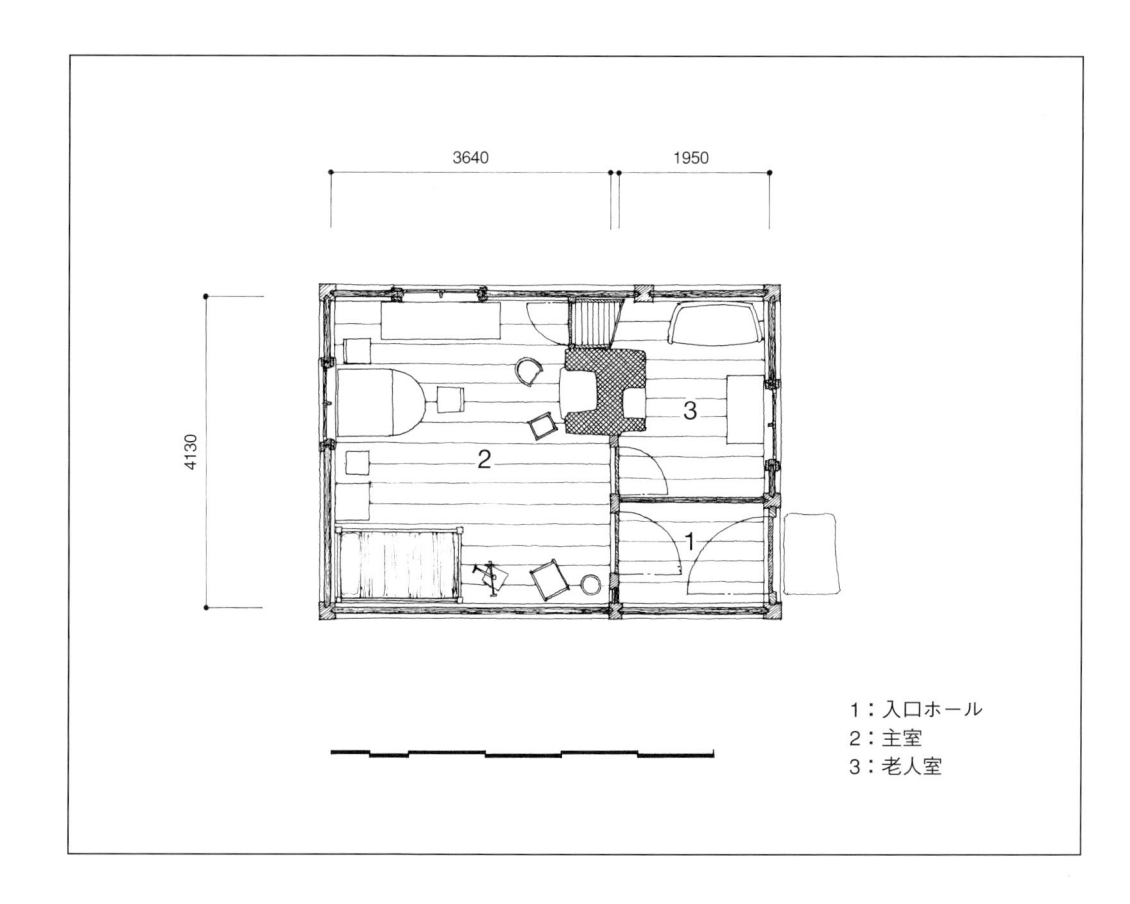

1：入口ホール
2：主室
3：老人室

23-1：
落し板構法，急勾配の板葺き屋根，妻入り角入口の外観
23-2：
落し板構法民家の角面
23-3：
板葺きの軒先詳細
23-4：
柱頭部，梁・桁の詳細
23-5：
柱・土台・壁板の詳細

Ⅳ　各地の民家 | 157

23-6：
天井高のきわめて低い主室
23-7：
主室炉回り，左のドアを開けるとロフトへの階段
23-8：
主室，テーブルの手前半円部分が折り畳める
23-9：
主室入口回り，敷居が擦り減っている

24. リナの家

現所在地：Norrlanda，Gotland
旧所在地：Norrlanda，Gotland
建設年代：18C

　ゴッドランド島中央部のノールランダにある，落し板構法で造られた，ホールと1広間だけの小さな住居。入口脇に造られた炉の二面の壁が，外部にそのまま現れている。

　入口は妻面の中央。その左右が，炉の背面の白壁と板壁に分かれている。板壁は，断面の山形が表に現れた厚板。妻壁は竪羽目で覆われている。

　板葺きの急勾配の屋根から白い煙突が突き出ている。ホールには屋根裏部屋への急勾配の階段が設けられ，その下にルーン・ストーンが置かれていた。主室は，ここもまたきわめて低い天井高で1,760mm。炉の周辺の壁には，食器棚が造られ，さまざまな什器がそろっている。炉の対角線上の隅に小さなベッドが造り付けられている。

　正面の窓の前のテーブルの辺りが，くつろぎの場であろう。屋根裏に上がると，意外に広く，屋根架構がよく見える。

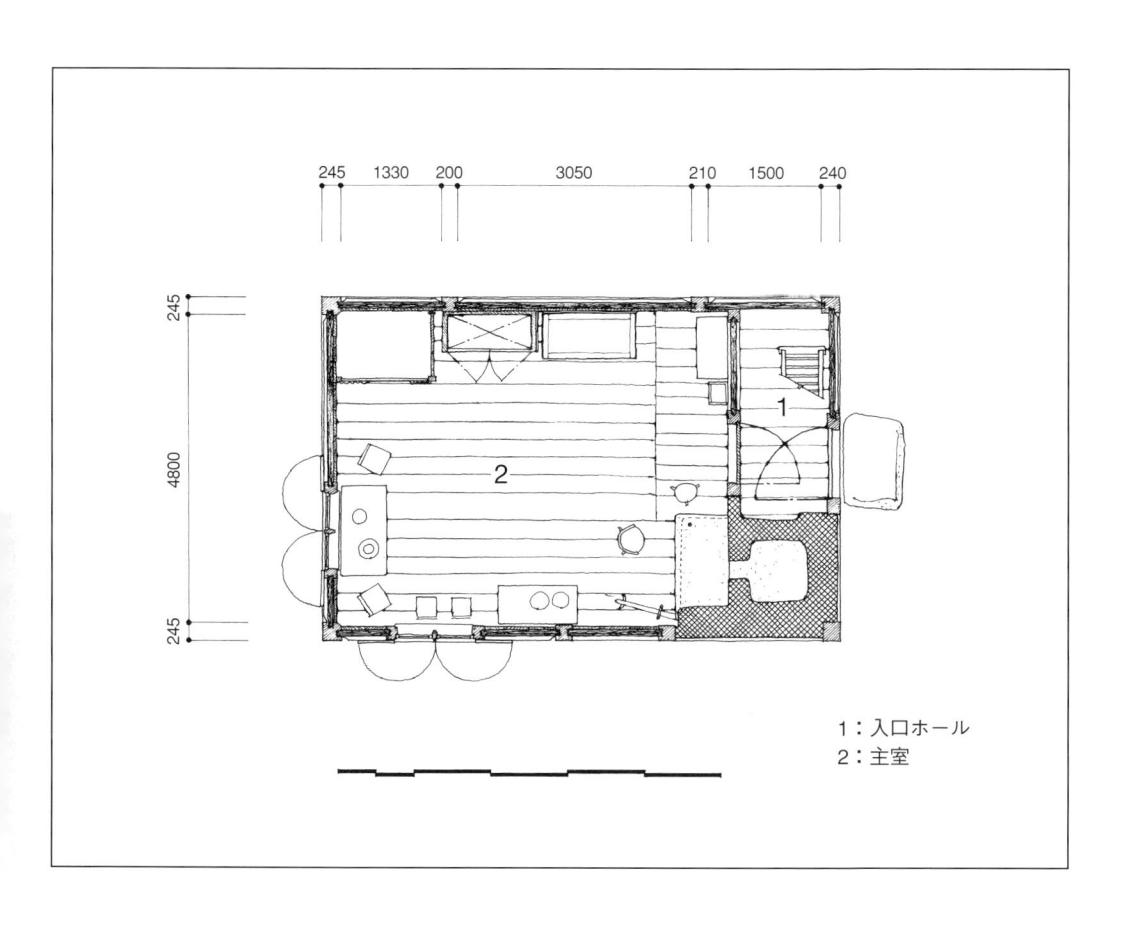

1：入口ホール
2：主室

24-1：
内部の炉の背面がそのまま現れた外観，急勾配の屋根から白く大きすぎるほどの煙突
24-2：
妻側入口両側の異種材料の壁が強い対比を見せている
24-3：
裏面，落し板壁の山形がくっきりと現れている
24-4：
主室入口側炉回り
24-5：
主室奥，天井高がきわめて低い
24-6：
ベッドと扉に飾りものが施された収納家具
24-7：
ロフト小屋組
24-8：
入口に置かれたルーン・ストーン

25. エーランド島の民家

　第1章で見たように，エーランド島も全体に平坦で森は少なく，小石がごろごろと地面に顔を出している。そんな背景もあり，この島の民家は，木材使用量の少ない落し板構法であるだけでなく，石積みの壁が併用される例がきわめて多くなる。納屋などには石造も見られる。
　ここでは，現地保存され公開されているHimmelsberga Museumの例を紹介する。

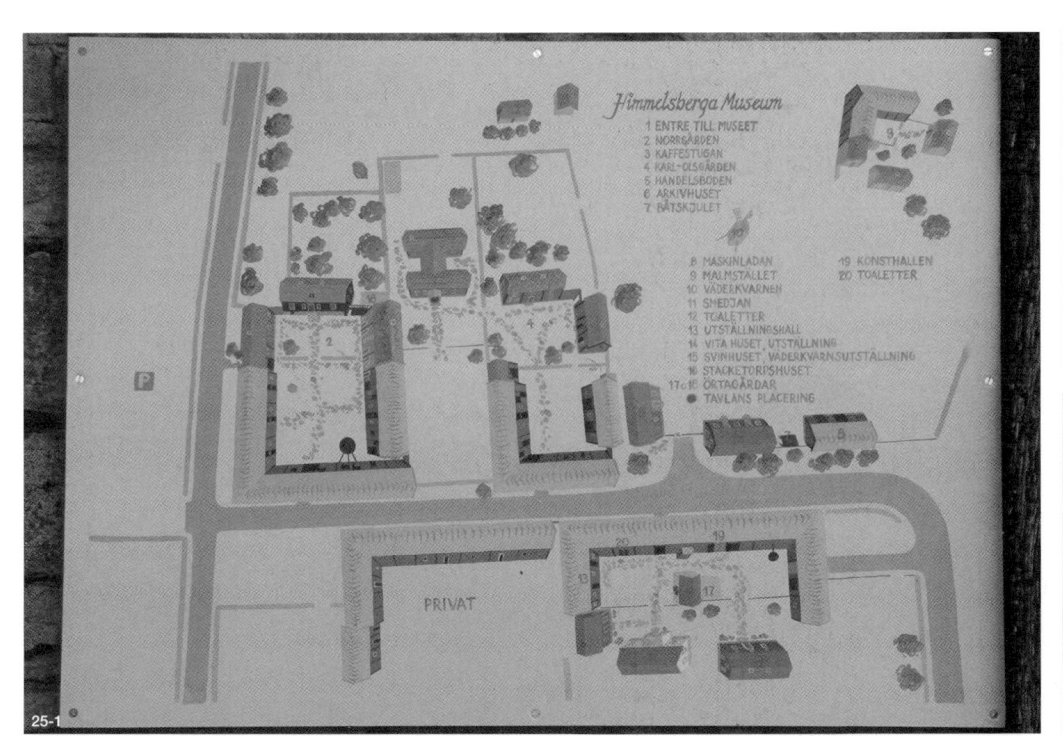

25-1：
現地に掲げられた配置図，道をはさんで村の一角を大きく占めている
25-2：
道路沿いに続く納屋，左の納屋は石造
25-3：
落し板構法の納屋，壁はファルンレッドに塗られている
25-4：
石造納屋のユーモラスな壁のデザイン

Ⅳ　各地の民家

25-5：
農園の一角
25-6：
落し板構法の壁の一部を石積みとした建物
25-7：
住居部の中庭，豊かさを感じる
25-8：
妻面の棟飾り
25-9：
住居棟入口

25-10：
主室炉回り
25-11：
主室，壁はしっくい，角にベッドが置かれている
25-12：
特別室，壁に無彩色の絵，手前のベンチはやはり背板が回転する
25-13：
特別室の暖炉
25-14：
独立した台所

IV　各地の民家 | 163

おわりに

　前著『フィンランドの木造民家』（井上書院）出版に際しては，木材組積構法の世界について，できるだけ多くの情報を伝えたいと考え，詳細から道具までさまざまな事項を盛り込んだ。スウェーデン民家の主役である木材組積構法について，構造的な詳細は，前著に記したことと共通するので，ここではかなり省略した。

　私の関心は，同じ構法でありながら異なる平面プランの存在と，主室における領域とその境界の象徴の存在である。

　これらの考察は，かつてフィンランド民家における領域と境界を発見したことに始まり，それとの比較により見い出したものである（『フィンランドの木造民家』参照）。フィンランドの民家では，領域の境界にその象徴として存在したのは「棚板」であり，部屋のコーナーごとに，そこでの行為により，機能的な領域設定がされていた。スウェーデンの民家では，それとは明らかに領域の取り方も意味合いも違い，その境界の表現も異なっている。

　外部に対して開かれた空間である日本の建築には，さまざまな「しきり」が存在する。きわめて閉じた空間であるスウェーデンやフィンランドの民家の中にも，領域の境界に曖昧なしきり・象徴の存在を認めることができた。当初は木造に対する関心であったが，それらの発見によって，ますます北欧の民家にのめり込むこととなった。それらを同一に論ずることはできないが，より幅広く考察を深めていきたい。

　民家の中での人々の生活に関しては，「特別室」の中での人々の"動き"について，まだまだ明確にはイメージできていない。いずれももっと豊かなものにしたいと考えている。

　本書に掲載した写真は，すべて筆者が現地で撮影したものである。また第4章の平面図は，筆者が現地で実測し図面化したものであり，他の図面も資料をもとに筆者が描き起こした。

　はじめにも記したが，調査に当たっては，現地で一般の方や学芸員など多くの方々にお世話になりました。感謝します。

　北欧の民家，木造建築の調査・研究を続けるエネルギーの一つに，前著の出版があります。その機会をつくってくださった，日本大学名誉教授・山口廣先生にはあらためて感謝申し上げます。

　スウェーデン語の資料の翻訳では，峰島裕子さんにお世話になり，言葉の問題や資料に関して，スウェーデン大使館・広報担当の速水望さんに度々のご協力をいただきました。また北欧文化協会理事長・武田龍夫氏ほか理事の方々にも，資料やアドバイス等いただき，大変ありがとうございました。ブックデザイナーの吉田昌央氏には，私の数々の注文に応えていただきお礼申し上げます。

　仕事の遅い私を待ち続けてくださった，井上書院会長井上瑩子氏及び社長関谷勉氏にもあわせて感謝申し上げます。

　そして，私の我儘を許し，協力してくれた家族にも感謝。

　この本を，2006年5月に満97歳で他界した母に捧げる。

2006年10月　　長谷川清之

参考文献

『北欧社会の基層と構造 1 北欧の世界観』 K.ハストロプ編，菅原邦城他訳，東海大学出版会，1996
『北欧社会の基層と構造 2 北欧の自然と生業』 K.ハストロプ編，熊野聡他訳，東海大学出版会，1996
『北欧社会の基層と構造 3 北欧のアイデンティティ』 K.ハストロプ編，菅原邦城他訳，東海大学出版会，1996
『世界各国史21 北欧史』 百瀬宏，熊野聡，村井誠人編，山川出版社，1998
『世界の歴史と文化 北欧』 百瀬宏，村井誠人監修，新潮社，1996
『スウェーデンの歴史』 I.アンデション，J.ヴェイブル，潮見憲三朗訳，文眞堂
『世界の地理6 北ヨーロッパ』 田辺裕監修，朝倉書店，1997
『ヨーロッパの民族学』 ジャン・キュイズニエ，樋口淳他訳，白水社，1994
『ヴァイキング―海の王とその神話』 イブ・コア，谷口幸男監修，創元社，1993
『悲劇のヴァイキング遠征』 マッツ・G・ラーション，荒川明久訳，新宿書房，2004
『ヴァイキングの暮らしと文化』 レジス・ボワイエ，持田智子訳，白水社，2001
『アイスランド サガ』 谷口幸男訳，新潮社，1979
『北欧神話』 H.R.エリス・デイヴィッドソン，米原まり子・一井和子訳，青土社，1992
『北欧神話の世界・神々の死と復活』 アクセル・オルリック，尾崎和彦訳，青土社，2003
『ゴトランドの絵画石碑』 エーリック・ニレーン他，岡崎晋訳，彩流社，1986
『スウェーデンの民話』 ローン・シグセン他，米原まり子訳，青土社，1996
『スウェーデン女性史1，2，3』 アリス・リュッキンス，中山庸子訳，学芸書林，1994
『現代北欧文学18人集』 谷口幸男編，新潮社，1987
『スウェーデン四季暦』 訓覇法子(文)，プー・モッスベリィ(画)，東京書籍，1994
『風土』 和辻哲郎，岩波書店，1935
『風土に生きる建築』 若山滋，鹿島出版会（SD選書），1983
『フィンランドの木造民家―丸太組積造の世界』 長谷川清之，井上書院，1987
『木の民家 ヨーロッパ』 二川幸夫，鈴木恂，A.D.A EDITA Tokyo，1978
『ヨーロッパの木造建築』 太田邦夫，講談社，1985
『東ヨーロッパの木造建築』 太田邦夫，相模書房，1988
『スウェーデンの町と住まい（建築探訪5）』 山本明，丸善，1992
『聖と俗』 ミルチャ・エリアーデ，風間俊夫訳，法政大学出版局，1969
『かくれた次元』 エドワード・ホール，日高敏隆・佐藤信行訳，みすず書房，1970
『人間と空間』 オットー・F・ボルノウ，大塚恵一他訳，せりか書房，1978
『結界の構造』 垂水稔，名著出版，1990
SKIFTESVERK I SVERIGE，Gunnar Henriksson，1996
Datering av knuttimrade hus i Sverige，Karl-Olov Arnstberg，Nordiska museet
GOTLANDSKA KULTURBILDER，TH. Erlandsson
KULTUREN PÅ GOTLAND，Marita Jonsson，Sven-Olof Lindquist
SKANSEN・Traditional Swedish Style，SCALA BOOKS
Skansens hus och gårdar，Nordiska museet Skansen
HEMBYGDSGÅRDARi Gästrikland och Hälsingland，Hilding Mickelsson，Margaretha Sundberg
TIMMERHUS，Dalarnas museums serie av småskrifter.33
Så renoveras torp och gården，Ove Hidemark ICA bokförlag，1997
Guide to Kulturen Lund and Östarp，Claes Wahlöö，2003
Tradition I trä，BYGGFÖRLAGET Stockholm，2001
Wood and Wood Joints，Klaus Zwerger Birkhäuser，1997
Encyclopedia of vernacular Architecture of the World I.II.III，Paul Oliver，CAMBRIDGE，1997

著者略歴

長谷川清之（はせがわせいし）
- 1941年　静岡県下田市に生まれる
- 1965年　日本大学芸術学部美術学科卒業，建築・インテリアデザイン（現、建築デザインコース）専攻
- 同　年　日本大学芸術学部美術学科に特別研究生として勤務
- 1968年　優建築設計事務所勤務
- 1970年　日本大学芸術学部美術学科助手。講師，助教授を経て
- 1988年　日本大学芸術学部美術学科教授
- 1993年　日本大学大学院芸術研究科教授
- 1998年　日本大学芸術学部デザイン学科教授
- 2002年　日本大学芸術学部デザイン学科教授退職
　　　　　建築設計，北欧民家・木造建築調査・研究を継続，現在に至る

会　員　日本建築学会，北欧文化協会

作　品　蓼科の別荘，所沢の家（『新建築』1982.8），入間の家　他
著　書　『フィンランドの木造民家』井上書院，1987
共　著　『木瓦と葱ぼうず』INAX，1992
　　　　『世界のログハウス』山と渓谷社，1992
　　　　『世界の建築・街並みガイド2』エクスナレッジ，2003
　　　　LITTLE BIG HOUSES，Building Information Ltd・FIN，2001

- 本書の複製権・翻訳権・上映権・譲渡権・公衆送信権（送信可能化権を含む）は株式会社井上書院が保有します。
- **JCLS**〈㈳日本著作出版権管理システム委託出版者〉
本書の無断複写は著作権法上での例外を除き禁じられています。複写される場合は，そのつど事前に㈳日本著作出版権管理システム（電話03-3817-5670，FAX03-3815-8199）の許諾を得てください。

スウェーデンの木造民家
2006年11月30日　第1版第1刷発行

著　者　長谷川清之ⓒ

発行者　関谷　勉

発行所　株式会社井上書院
　　　　東京都文京区湯島2-17-15　斎藤ビル
　　　　電話(03)5689-5481　FAX(03)5689-5483
　　　　http://www.inoueshoin.co.jp
　　　　振替00110-2-100535

装幀・レイアウト　吉田昌央
印刷所　株式会社ディグ
製本所　誠製本株式会社

ISBN4-7530-1432-0　C3052　　　　　Printed in Japan

SUOMALAINEN PUU RAKENTEINEN TALONPOIKAISTALO
フィンランドの木造民家 丸太組積造の世界

長谷川清之　A4変形判（上製）・170頁　定価**9975**円

フィンランドには，木を無駄なく丸ごと生かすことにその特徴を見てとることができる丸太組積造の詳細を今に伝える原型的な木造民家が今でも現存している。これらの広範かつ丹念な調査に基づく実測図や写真により，空間的特徴を細大もらさず紹介。単に建築書の枠を超え，建物を通して風土・歴史，また人間の関わり方までうかがわせる文化人類学的性格をも備えた書。

【主な内容】フィンランド各地の木造民家／フィンランドの民家の特徴／木造民家の空間構成／丸太組積造の材料と構造／丸太組積造の工法と道具

РУССКОЕ ДЕРЕВЯННОЕ ЗОДЧЕСТВО
ロシアの木造建築 民家・付属小屋・橋・風車

А.В.オポローヴニコフ，坂内徳明訳　B4変形判（上製）・322頁　定価**15750**円

北方ロシア各地に残るさまざまな型の農家，納屋，穀物小屋，家畜小屋，水車小屋，風車小屋，狩猟用の小屋，また橋や柵にいたるまでのあらゆる木造建造物について，その構造や歴史を実に詳しく語る。さらに暖炉，階段，窓，唐破風，棟飾りなど特徴的なディテールも加え，風雪の歴史を生き抜いた村と建物の姿と暮らしを，300余枚の写真と図を通して紹介した労作。

【主な内容】北ロシアの村／農家／屋敷内の建物と橋／風車小屋と狩猟小屋／建築のディテール（ロシア式暖炉の諸タイプ・煙突・玄関口・窓の諸タイプ・持ち送り）

ILLUSTRATED HANDBOOK OF VERNACULAR ARCHITECTURE
イングランドの民家

R.W.ブランスキル，片野博訳　A5判・234頁　定価**2835**円

イギリスの民家建築の形態，構造などの特徴を，そこでの生活や文化，気候，風土，歴史といった背景をもとに，数多くの写真と詳しいイラストを，だれにでも理解できるよう見開きにまとめた図解ハンドブック。建築史学のみならず，社会学，地誌学，民俗学その他さまざまな分野からの研究成果を指標に，わが国の「民家」への視点の捉え方を再認識させる一冊。

【主な内容】序論／壁：構法と材料／屋根：形，構法，材料／平面・断面形態／建築のディテール／農村建築：概説／都市の民家と家内工業建築／比較と結論

空間デザイン事典

日本建築学会編　A5変形判・228頁　定価**3150**円

空間を形づくるうえでの20の概念を軸に整理された98のデザイン手法について，その意味や特性，使われ方を写真によって例示した世界各地700近くにも及ぶ建築・都市空間を中心に解説。計画や設計の際の手掛かりとして，あるいは，建築・都市空間の事例集として活用できる画期的事典（オールカラー）。

【主な内容】立てる／覆う／囲う／積む／組む／掘る・刻む／並べる／整える／区切る／混ぜる／つなぐ／対比させる／変形させる／浮かす／透かす・抜く／動きを与える／飾る／象徴させる／自然を取り込む／時間を語る／索引・事例索引

＊上記価格は，消費税5％を含んだ総額表示となっております。